WIZARD

新装版

私は株で200万ドル儲けた

ブレイクアウト売買法の元祖「ボックス理論」の生い立ち

How I Made $2,000,000 in the Stock

Nicolas Darvas

ニコラス・ダーバス[著]
長尾慎太郎[監修]　飯田恒夫[訳]

nRolling

監修者まえがき

本書は、伝説の相場師ニコラス・ダーバスの著した〝How I Made Two Million Dollars in the Stock Market〟の邦訳である。もともと本書は二〇〇三年に出版され、その後文庫化されたものの長らく絶版となっていたが、このたび読者の要望に応えて再版されることになった。なお今回の復刻に当たっては、従来横書きであったものを縦書きとしたうえで、大きいサイズのフォントを採用し、訳出についても数多くの細かい修正を行っている。

ところで、本書は原書が発行されてから数十年たっていることから「内容が古いのではは？」と思う方もいるだろう。そうした評価も「ボックス理論」だけに焦点を当てればあり得るかもしれない（私自身はボックス理論を古いとはまったく思わないが）。しかし、これは技術書としてではなく、むしろ投資家にとって正しいメンタルモデル（ジョンソン＝レアード）を習得するための手引書として読むべきものである。ここでメンタルモデルとは、私たちが現実世界をかいつまんで理解するための認知体系を意味し、複雑な系のなかでの適応力や抗堪性はメンタルモデルの質によって決まるのである。例えば、もし科学者が今も天動説を採り、地球を平たい円盤状のものだと認識していたら、人類は大気圏外にロケットを飛ばすことは永久にできなかっただろう。この構造は金融市場においても同じである。本書には、ダーバスが「科学的」だと信じてまったく見当違いなことをする例がいくつも出てくるが、現代の投資家（機関投資家を含む）も、似非科学を信じて荒唐無稽な行為に走るという意味では、やっていることは実は大して変わらない。

投資やトレードにおいては、メンタルモデルさえ正しければ、手持ちの技術がそれほど優れていなくても、利益を上げることができる。しかし、世界観が間違っていれば、どんなに大量のデータや情報を持ち、分析や予測を精緻に行ったとしても、それは確実に失敗するための努力をわざわざ行うことに等しい。ダーバスの功績は、ボックス理論に代表される投資戦略を編み出したことだけにあるのではなく、自らの体験を通して正しいメンタルモデルを獲得するプロセスを示したことに大きな価値がある。その意味では、本書は決して古いのではなく、常に普遍的で、いつまでも新しいと言うことができる。

二〇一六年一二月

長尾慎太郎

文庫版　監修者まえがき

本書『私は株で二〇〇万ドル儲けた』はパンローリングから二〇〇三年に出版された。翻訳のもとになった原書〝How I Made Two Million Dollars in the Stock Market〟は発刊されてから数十年がたっているが、内容は現在でもまったく色あせておらず、今なお株式投資の教科書として多くの人々に支持されている。個人的な思いをここに書けば、本書ほど優れた相場書は数えるほどしかない。

あえて本書に匹敵する価値のある相場書といえば、『ゲイリー・スミスの短期売買入門』（パンローリング）くらいであろうか。これらは前者が成長株のモメンタム投資、後者が金融先物を中心とした短期売買というスタイルの違いがあるが、私が両書を高く評する理由は、そこに記されている売買手法の優秀さゆえにではなく、どちらも、ともに一個人投資家の現実の売買記録に基づいて書かれており、その経験を通して語られている内容が「相場を張る」ということの本質を非常によくとらえているからである。これらを超える指南書がそう簡単に出てくることはないであろう。

さて、本書の著者ニコラス・ダーバスは伝説的な人物であり、およそ金融業界の人間に限らず、広くマーケットというものに多少なりとも関心がある人間であれば、遅かれ早かれその名を知ることになる。彼がアメリカの株式市場で成し遂げたたぐいまれなる成果とその経緯を記した本書が、長年にわたりマーケットでの成功を志す多くの人々に影響を与えてきたことは、いわゆる「マーケットの魔術師」たちが、こぞって本書を推薦図書に挙げていることからもうかがうことができる。

ダーバスはダンスと株式相場とにかかわって波乱の人生を生きた。彼はもともとプロのダンサーとしてその才能を開花させていたが、ふとしたきっかけから株式の売買に足を踏み入れることになる。そして、素人が陥る典型的な失敗を多く繰り返し、破産の危機に瀕すること二回、ついに独自の投資手法である「ボックス理論」を編み出し、わずか一八カ月で当時の金額で二〇〇万ドルを稼ぐのである。

彼の「ボックス理論」は当時から非常にユニークかつ先見的なもので、ウォール街の常識とことごとく反していたため、周りの人間はだれもすぐにはそれを信用しなかったという。それと同時に、彼の主張があまりに真実を突いており、それがウォール街のタブーに触れていたがために、さまざまな形で有形無形の圧力を受けることにもなった。しかし、その真価が少しずつ世に認められるにつれ評価は高まり、現在ではその理論のエッセンスは広くいろいろな投資手法に取り入れられている。それは株式の世界だけではなく、異なるアセットクラスである先物の世界での資金運用で有名な、あのタートルズが使っている手法にもその影響を見ることができる。それはダーバスの「ボックス理論」が、時間や空間を超越した高い次元での普遍性を持つことの証明である。

本書はノンフィクションの読み物としても面白く、ダーバスが投機家として成長していく過程を読者は興味深く読まれることになるであろう。書かれてある失敗の挿話の多くは、私たちの体験と照らし合わせて身につまされるものも多く、だからこそ、彼が苦難を乗り越えて最終的に成功を果たした事実には非常に勇気づけられ、また成功のために必要だとダーバスが説く独立心と変動感覚のほかに、勇気や行動力、忍耐の何たるかをそこに学び取ることができる。

五年前に日本で本書を刊行できたことは、後藤康徳氏をはじめ関係者一同にとって非常な名誉であったが、このたび文庫化されることになり、より多くの人に本書が読まれ、ひいてはそれが読者の成功の礎となるきっかけになれば、それは私たちにとってまた望外の幸せである。読者におかれては、この古典的名著をこころゆくまで味わっていただきたい。

二〇〇八年三月

長尾慎太郎

目次

第4部　テクノ・ファンダメンタリスト

付録

一九五八年九月三日の朝、英国直轄植民地の香港、グロスターホテルに一通の電報が届いた。

「チオコール1300カブ　49 ⅞ニテ　カイツケタ……」

これが一八カ月で二〇〇万ドルの純益を上げることになる一連の株式買い付けの第一歩であった。

この話は、その富を築くに至るまでのさまざまな出来事を綴ったものである。

CABLE AND WIRELESS LIMITED

with which is amalgamated
THE EASTERN EXTENSION, AUSTRALASIA & CHINA TELEGRAPH CO. LTD
(Incorporated in England)

The first line of this Telegram contains the following particulars in the order named: Prefix Letters and Number of Message, Office of Origin, Number of Words, Date, Time handed in and Official Instructions if any.

ISSUING OFFICE

HONG KONG

GCW126/NMA129 NEWYORKNY 48 2 1600 CNT 6 PARENS =
DARVAS GLOUCESTER HOTEL HONGKONG =

BOUGHT 1300 T 49-7/8 T 51 X51-3/4 -
49-7/8X L 54-7/8 X55-7/8 - 54-1/8X E
50-3/4 X51-1/4 - 50-1/2X U 41-7/8 X42-3/8
- 41-3/8X G 19-5/8 X20 - 19-5/8X F
34-1/8 X36-3/8 - 34-1/8X DOLLARS 11*77 =

Enquiry respecting this telegram should be accompanied by this form and may be made at any of the Company Offices.

第1部

ギャンブラー

THE GAMBLER

第1章 カナダ株のころ
Canadian Period

それは一九五二年一一月のことだった。ニューヨークのマンハッタンにある「ラテンクオーター」に出演している最中に、エージェントが電話をかけてきた。トロントのナイトクラブからダンスパートナーであるジュリアとわたしに出演の依頼があったという知らせだった。そのクラブのオーナーはスミス兄弟で、アルとハリーという名の双子だったが、非常に風変わりな条件を出してきた。出演料をお金ではなく株式で支払うというのである。ショーの仕事をしていると奇妙な経験をすることがあるが、株でギャラを支払うというのは初めてのことだった。

条件についてさらに問い合わせた結果、ブリランドという会社の株を六〇〇〇株くれるということが分かった。これは兄弟が関係しているカナダの鉱山会社で、当時その株式には五〇セントという価格が付いていた。

株は上がったり下がったりするものだという程度のことは知っていたが、それが私の持っている株の知識のすべてだった。そこでスミス兄弟に、もし株価が五〇セント以下になったら、その差額を補償してほしいと申し入れた。六カ月以内なら補償するという返事だった。

結局、わたしのほうの都合でトロントでの出演は実現しなかった。兄弟の期待に背く結果となって、申し訳ないと思ったので、お詫びにその株式を買い取ろうと申し出た。スミス兄弟に三〇〇〇ドルの小切手を送り、ブリランド株を六〇〇〇株受け取った。

その後、この株のことは忘れていたが、二カ月後のある日なにげなく新聞の株式欄を見て、椅子から飛び上がらんばかりに驚いた。わたしの買ったブリランドの株に一ドル九〇セントという値が付いていたのだ。すぐに売って、八〇〇〇ドルに近い儲けを手にした。

最初のうちはこれが現実の出来事とは信じられなかった。なにか魔法にかかったような気がした。生まれて初めて競馬場に出かけ、ビギナーズラックで賭けた馬という馬が次から次へと勝ったような気持ちだった。配当金を受け取りながら、「いつまでこんなことが続くのだろう」とつぶやいているかのような心境だった。

これまでの人生でどうしてこんなに素晴らしいことを見逃していたのかと後悔し、ともかく株式市場に首を突っ込んでみようと決意した。その後、この決心を翻したことはなかったが、当時はこの未知のジャングルでどんな問題にぶつかるのか見当すらついていなかった。

株式市場についてはまったく無知だった。例えば、ニューヨークに株式取引所があることすら知らなかった。耳に入ってくるのはただカナダの株式、それも特に鉱山株の話だけだった。カナダの鉱山株でおいしい思いをしたので、このままこの路線に乗っていくのが賢明だと思ったのだ。

しかし、どんな具合に始めたらよいのだろうか。どの株式を買えばよいのだろうか。行き当たりばったりで選ぶわけにもいかない。何か情報が必要だ。どうすれば情報が手に入るのか、それがわたしにとっては大きな問題だった。今のわたしなら、一般人が実際に情報を手に入れるのがいかに難しいかということをよく分かっているが、当時のわたしは大勢の人に聞いて回れば重要な情報が簡単に手に入ると考えていた。根気よく探せば内情に詳しい人物に出くわすだろうと……。そこで、人と顔を合わせるたびに株について何か情報がないかと聞いてみた。ナイトクラブで働いている関係で、金持ちに会う機会は多い。金持ちなら知っているはずだ。

それで金持ち連中に聞いてみた。口にする質問はいつも同じだった。

「良い株をご存知ありませんか」

不思議なことには、だれもが情報を持っているようだった。これにはびっくりした。どうやらじかに仕入れた独自の株式情報を持っていないのは、アメリカ中でわたし一人だけのようだった。わたしは熱心に情報に耳を傾け、疑いもせず耳寄り情報に従った。買えと言われれば、どんな株でも買った。この方法が〝絶対に〟儲からないと気づくまでには、相当の時間がかかった。

わたしは株式市場で売買を繰り返している楽天的で無知な小口投資家の典型だった。名前の発音すら分からないような会社の株式を買ったこともあった。その会社の事業内容や社歴についてまったく知らなかった。だれかがほかの人から聞いた話を受け売りで聞いた。まったくわたしほど頭のおかしい、物知らずの投資家はいなかっただろう。知っていることといえば、この前まで出演していたナイトクラブのチーフウエーターがあの銘柄は良い、と話していたというようなことばかりだった。

一九五三年の初め、わたしは仕事でトロントにいた。ブリランド社の株で初めて八〇〇〇ドルを儲けるという破格の幸運に恵まれたわたしは、投資家にとってカナダはパラダイスのような地だと思っていたので、「信頼できる耳寄り情報」を探すには絶好の場所だと考えた。何人かの人に信頼の置ける良いブローカーを知らないかと尋ねてみたところ、最終的にあるブローカーを勧められた。

そのブローカーの事務所を見つけたときには正直なところ一瞬たじろぎ、そして落胆した。そこは狭苦しく、薄汚れていて、まるで監獄のような部屋で、おまけにそこらじゅう本だらけで、壁には奇妙な殴り書きがされた紙が張られていた。それが「チャート」と呼ばれるものだと分かったのは、あとになってからだ。その部屋には、およそ成功だとか、能率の香りだとかは漂っていなかった。事務机の前には小柄な男が座っていて、せわしげに統計数字や本をのぞき込んでいた。何か良い株式はないかと尋ねると、そのブローカーは即座に反応した。

にっこり笑ってケル・アディソンという有名な鉱山開発会社が振り出した配当小切手をポケットから取り出したのだ。

彼は立ち上がって言った。「お客さん、よく見てください。これは配当の小切手なんですがね。配当額はうちのおやじが最初にこの株を買ったときの株価の五倍ですよ。みんなが探しているのはこういう株なんです」

株価の五倍の配当！　だれでもそうだろうが、わたしも胸がときめいた。配当が一株当たり八〇セントということは、彼の父親はたったの一六セントでこの株式を買ったことになる。素晴らしい話ではないか。彼の父親がこの株を買ったのは三五年も前のことだろうなどとは、そのときには疑ってもみなかった。

男は、この種の株式を見つけるために長年探求し続けてきた方法を語った。父親の例から、成功の秘密は金鉱にあると考えていて、やっと目当ての株式を見つけたのだという。それは、イースタン・マラーティクという銘柄だった。採掘量の実績と予想、財務情報を分析した結果、彼の計算では、この金鉱は現在の二倍の量を採掘できるので、今この会社の株式に五ドル投資すればすぐに一〇ドルになると言うのだ。この博識な情報を頼りに、わたしはすぐさまイースタン・マラーティク株を一株当たり二九〇セントで一〇〇〇株買った。心配しながら株価を見ていると、二七〇セントに下がり、それから二六〇セントにまで落ち込んだ。数週間のうちにさらに二四一セントまで下がったので、わたしは急いでこの株を売った。この勤勉で統計好きのブローカーは金持ちになる方法を知らない、というのがわたしの結論だった。

しかし、わたしは相変わらず株式に関するあらゆることに魅せられていた。依然として、耳寄り情報には——それがたとえどんなものでも——従っていたが、それで儲けたことはほとんどなかった。儲けた場合でも、次にはすぐに損を出してその儲けを帳消しにしてしまった。

わたしはブローカーの手数料や譲渡税についてすら理解していなかったほどの初心者だった。例えば、一九五三年一月にケイランド・マインズの株を一〇セントで一万株買った。猫のように注意深く市場の動きを注視していたが、翌日になってケイランドの株価が一一セントになったので、ブローカーに電話をして、売ってくれと指示した。わたしの計算では二四時間で一〇〇ドル儲けたことになり、少額だが素早く利益を出したので、われながら手際が良いと思っていた。

「どうして損を出しても売ろうと決めたのですか」。二度目に電話をしたとき、ブローカーから尋ねられた。損だって？　一〇〇ドル稼いだではないか！　彼は穏やかに、一万株の買い付け手数料が五〇ドルで、翌日の売却手数料がさらに五〇ドルだと説明してくれた。そのうえ、売却のときには譲渡税がかかると言う。

当時、わたしは一風変わった銘柄をかなり持っていたが、ケイランドもそのひとつだった。ほかにも、モーグル・マインズ、コンソリデーテッド・サドベリーベイスン・マインズ、ケベック・スメルティング、レックススパー、ジェイ・エクスプロレーションなどの銘柄を持っていた。これらの銘柄で儲けたことはなかった。

けれども、一年間はカナダ株の売買で幸せに浸っていた。成功した実業家か、大物の株式投資家になったつもりだった。まるでバッタのようにピョンピョンと市場への出入りを繰り返していた。二ポイントも稼げれば有頂天になった。すべてが小口だが、同時に二五～三〇銘柄を保有することがよくあった。

そのなかには、特に愛着を感じるようになったものがある。それにはいろいろな理由があった。あるものは親しい友人から譲られたからであり、またあるものは利益が乗り出したからだった。そうした株には親しみを感じるようになり、そのうち自分でも無意識のうちに「ペット」銘柄を飼い始めた。

こういう銘柄には、家族と同じように自分と一体なのだという意識を持った。明けても暮れても、その長所を数え上げていた。子供のことを話すようにペット銘柄の話をした。だれかがこのペットについてほかの銘柄と違った特別な長所があるとは思えないと言っても、気にはならなかった。この心理状態は、やがてペット銘柄の損が最も甚大だと気づくまで続いた。

数カ月のうちに、わたしの取引記録はちょっとした証券取引所並みの規模になった。それでも、自分のやり方が間違っているとは思わなかった。利益が出ていると思っていた。もし計算書を丹念に調べていれば、それほど幸せな気分ではいられなかっただろう。競馬好きのようにわずかの勝ちにも舞い上がって興奮するあまり、損を出していることには気づかなかった。購入価格から相当下落して、当分そのままで動きそうもない銘柄が多い事実も見逃していた。

これは、自分なりの投資の方法論を見いだす努力もしないで、無謀でバカげたギャンブルをしていた時期だった。ただ「直感」に頼っていただけだ。ひらめきを感じた社名や、ウランを発掘したとか油井を掘り当てたといううわさなど、他人から聞いた話に基づいて行動した。絶えず損をしていたが、たまにわずかでも儲けると希望がわいてきた。まるで鼻先にニンジンをぶら下げられたロバのようだった。

その後七カ月ほど売買を繰り返し、ある日、帳簿をたまたま見た。持っている不良株式の時価を合計してみると、三〇〇〇ドル近く損をしていることが分かった。

その日、自分の金儲けのやり方には何か問題があるのではないかと初めて疑問を抱いた。もうひとりの自分が、実はお前は自分でも何をしているのか分かってはいないではないか、

表1.1

オールドスモーキー・ガス・アンド・オイルズ			
買い	19セント	売り	10セント
ケイランド・マインズ			
買い	12セント	売り	8セント
レックススパー			
買い	130セント	売り	110セント
ケベック・スメルティング・アンド・リファイニング			
買い	22セント	売り	14セント

とささやき始めたのだ。

だが、まだ利益は残っていた。最初にブリランドを買ったときの三〇〇〇ドルはそのまま手をつけずにいたし、その取引で稼いだ利益のうち約五〇〇〇ドルはまだ残っているんだと自分を慰めた。しかし、この調子で続けていたら、あとどれくらいそれはもつだろうか。

わたしの損益計算記録のごく一部を紹介しよう。哀れな敗北の縮図である（**表1・1**）。鼻先のニンジンばかりを追いかけていたわたしは、平均すると週に一〇〇ドル損していることに気がついていなかった。

このときに、株式投資における最初のジレンマを経験した。その後の六年間にはより深刻な難局がいくつも待ち構えていたのだが、ある意味ではこのときが最悪の状況だった。株式投資を続けるかどうかは、この時点での決断次第だった。

そしてわたしはこのまま続けて、もう一度がんばってみようと決心した。

そこで、問題はどうしたらよいかだった。もっと違ったやり方があるはずだ。投資のやり方を改善できないだろうか。ナイトクラブのお客やチーフウエーター、舞台の裏方の言うことを聞いていたのが間違いだったことはすでに証明済みだ。彼らもしょせん素人にすぎず、どんなに自信たっぷりに耳寄り情報を教えてくれても、その知識はわたしと変わるところがなかったのだ。

わたしはブローカーから送られてきた計算書を一枚一枚じっくりと眺めた。九〇セントで買い、八二セントで売り……六五セントで買い、四八セントで売り……。

株式投資の秘訣はどうしたら手に入るのか？　わたしはカナダの金融関連の刊行物やカナダ株式の価格表を読みだした。トロント証券取引所の上場銘柄に関する情報を掲載している投資情報誌にも、今まで以上に熱心に目を通しだした。

もし続けるのなら専門家の手を借りようと決めていたので、投資に関する情報・助言サービス誌をいくつか購読した。結局、こうした投資顧問が専門家なのだと考えていたのだ。専門家の意見に従おう、そして素性の知れない人やわたしと同じ素人の投資愛好家から聞いた耳寄り情報で株を買うのはやめようと思った。経験を積み、思慮に富んだ専門家の教えに従えば、成功は間違いない。

試読用の見本紙として一ドルで四回分の情報紙を送ってくれる投資顧問業者が何社かあった。貴重な情報を買おうと真剣に考えている人に、試しに読んでみてほしいという好意的な措置なのだろうと思っていた。

わたしは一二ドルほど支払って見本紙を申し込み、送られてきたニュースレターを熱心に読んだ。

ニューヨークには信頼できる金融情報サービス業者もいるが、わたしが見本紙を申し込んだのはカナダの業者ばかりで、いずれも純然たるカモを商売相手としたニュースレターだった。当時のわたしがそんなことなど知るすべもない。投資サービスレターに大喜びし、胸を弾ませた。その種の情報紙を読むと、株式市場での投機はいとも簡単で、即座にやるべきことのように思えた。

大見出しのタイトルは、例えばこうだ。


「この株を買うなら今すぐ、機会を逃すな！」

「資産を総動員して買え！」
「この投資に反対するブローカーは切れ！」
「この株は一〇〇％以上は上がる！」

こうした文句は、もちろんわたしには本物で最新の情報のように思えた。レストランで聞いた怪しげな耳寄り情報に比べるとはるかに信頼性が高いものだ、と。

わたしは販売促進用のニュースレターを熱心に読んだ。レターの内容はいつも非常に利他的で、親身さがあふれていた。例えば、あるレターには次のように書かれていた。

「この輝かしい新規開発事業に有利な立場で参加できる夢のような機会を、カナダの金融史上初めて、資力の乏しい方々に提供します！」

「ウォール街の富豪たちがわが社の全株式を取得しようとしています。こういう旧来の有害な動きを断固阻止するために、当社の関心はもっぱら中産階級の投資家、つまりあなたのような方に参加をしていただきたいのです」

これはわたしのことではないか。この人たちはまさしくわたしの立場を理解している。ウォール街の富豪たちに邪魔者扱いされているという点で、わたしは哀れな資力のない人間だ。だが実際に哀れむべきだったのは、当時のわたしのバカさ加減だった。

薦められた株を買おうと、よく急いで電話をした。買った株は必ず値下がりした。それがなぜだか分からなかったが、わたしは心配していなかった。ニュースレターの発行者は、自分たちの記事に「絶対的な」自信を持っているのだ。次に買う株は値上がりするはずだ。しかし、めったに値上がりすることはなかった。

自分では気づかなかったが、わたしはすでに小口投資家が陥る大きな落とし穴――つまり、「いつ」の段階で取引に参加すべきかという解決不可能に近い問題にぶつかっていたのだ。買った直後に株価が下落するというのは、素人が最も戸惑いを感じることのひとつだ。金融界の予想屋が特定銘柄の買いを小口投資家に推奨するのは、彼らのような玄人筋がもっと早い時期にインサイダー情報に基づいて買った株を売る時期だという事実に気づいたのは、何年もたってからのことだった。

インサイダー情報に明るい連中がお金を引き揚げる時期に合わせて、カモたちの細々としたお金が入ってくる。カモたちは一番乗りでも大口でもなく、一番あとに小口の投資をする。小口投資家の取引参加はあまりに遅すぎるうえ、その投資金額がいつもあまりに少額なので、いったんプロが撤退してしまうと実体のない高値を支えることができなくなる。

今ではこの仕組みを理解しているが、当時のわたしにはなぜ株価がこういう動きをするのかまったく見当がつかなかった。自分が買ったあとで下落するのは、単に不運に見舞われたのだと思っていた。あとから考えてみると、この時期のわたしは一文なしへの道を突き進んでいたのだ。

一〇〇ドル投資すれば、ほとんどいつも瞬く間に二〇～三〇ドルを失った。しかし、数は少ないがなかには値上がりするものもあったので、わたしはまだましだった。

ニューヨークに行かなければならないときでも、わざわざトロントのブローカーに注文を出していた。

ニューヨークのブローカー経由でもカナダ株の取引ができることすら知らなかったのだ。トロントのブローカーたちは耳寄り情報があると言ってよく電話をしてきたが、わたしはいつもブローカーやカナダの投資顧問業者の推奨する株式を買った。行き当たりばったりの小口投資家の例に漏れず、わたしも損をしたときは運が悪かったせいにした。いつかは幸運がめぐってくると思っていた――いや確信していた。常に失敗していたわけではない。

ある意味では、いつも失敗していたほうがかえって良かったのかもしれない。時にはほんの数ドル儲けることがあった。それはいつもまったく偶然のなせる業だった。

こんな例があった。カナダ株の株価欄がわたしにとって手放せない読み物になっていたある日、株価欄を隅から隅まで読んでいると、カルダー・ブスケットという銘柄が目に入った。いまだにどういう会社だったのか、何を作っていたのかは知らない。しかし、なかなかしゃれた名前ではないか。その名前の響きが気に入ったので、五〇〇〇株を一八セント、合計九〇〇ドルで買った。

そのころ、ダンス公演の契約でマドリッドまで飛ばなければならなくなった。一カ月後に戻って新聞を広げ、例の株式の名前を探した。三六セントまで値上がりしていた。買った値段の倍だ。売って、九〇〇ドル儲けた。まったくの行き当たりばったりで幸運を引き当てたのだ。

二重に運が良かったのは、訳の分からないまま値上がりしたことに加えて、もしスペインに仕事で行かなかったなら、間違いなく二二セントになったところで売っていただろうからである。スペイン滞在中はカナダの株式相場を見ることができなかったので、株価動向を知らずにいたのが幸いして、時期尚早な売り方をしないですんだのだ。

当時は未熟であったし、のぼせ上がっていた時期だったが、それは今だから言えることだ。当時、自分では実際に一流の投資家への道を歩みだしたと感じていた。以前のようにチーフウエーターからとか、楽屋内で仕入れた情報に比べて、より知的な耳寄り情報に従って投資していることが誇らしかった。カナダのブローカーからの電話や投資顧問業者からのアドバイスもあり、彼らから耳寄り情報を得ると、それは信頼すべき筋から手に入れたもののように思えた。

わたしはカクテルラウンジで出会う裕福な実業家たちとの交際を次第に深めていったが、この人たちは埋蔵量の豊かな油田を掘り当てようとしている石油会社などの話をしてくれた。また、アラスカのウラニウムの埋蔵場所や、ケベック州で大々的な開発事業があるという打ち明け話をしてくれたりした。もし今その会社の株をうまく手に入れさえすれば、将来ひと財産作れること間違いなしという話ばかりだった。こういう話にはすぐに乗ったが、金儲けにつながったものはなかった。

一九五三年の末にニューヨークに戻ったころ、わたしの一万一〇〇〇ドルは五八〇〇ドルにまで目減りしていた。もう一度自分の置かれた状況をよく考えてみなければならなくなった。実業家たちの耳寄り情報は、彼らが約束したはずの黄金郷に導いてはくれず、投資顧問業者は株式市場で金儲けにつながるような情報をくれなかった。彼らの推奨した銘柄は値上がりするよりも値下がりすることのほうがはるかに多かったのだ。わたしの保有するカナダ株の一部は、ニューヨークの新聞には株価が掲載されていなかったが、株式相場そのものに非常に興味があったので、ニューヨーク・タイムズ、ニューヨーク・ヘラルド・トリビューン、ウォール・ストリート・ジャーナルなどの金融欄を読むようになった。ニューヨーク証券取引所の上場株には手を出さなかったが、名前の響きがきれいな銘柄があって感心したり、「店頭取引」というような謎めいた言葉に魅力を感じたりしたことを今でも覚えている。

金融欄を読めば読むほど、ニューヨークの株式市場に興味を持つようになった。カナダの株は、オールドスモーキー・ガス・アンド・オイルを除いてすべて売り払うことにした。スモーキー株を残すことにしたのは、そもそもこの株を譲ってくれた人がそのうちにとんでもなく大化けするよと忠告してくれたからだ。例によって大化けすることはなかったので、ニューヨークに戻ってから五カ月目に無駄な抵抗はやめることにした。一九セントで買ったこの最後のカナダ株は一〇セントでしか売れなかった。一方、わたしの本拠地により近く、より巨大なジャングル、すなわちニューヨーク証券取引所はけっして攻めやすい相手でないことは覚悟のうえだった。そこで、ニューヨークで劇場関係のエージェントをしている友人のエディ・エルコートに電話をして、ニューヨークのブローカーを知らないかと尋ねた。彼に紹介された男をこれからルー・ケラーと呼ぶことにしよう。

第2部

ファンダメンタリスト

The Fundamentalist

第2章　ウォール街での取引
Entering Wall Street

わたしはルー・ケラーに電話した。自己紹介をして要件を話した。翌日、ケラーから書類が届き、サインして返送するとともに委託証拠金を積めば、直ちに彼の会社にわたしの口座を開くと連絡してきた。この通知を受け取ると同時に、体のうちに何か変化が起きた。突如として、自分が金融界の一員になったような気がしてきたのだ。実際にウォール街へは行ったことがないので、そこがどんな場所か説明することはできないが、その名前を聞くだけで神秘的ともいえる魅力を感じていた。

ウォール街ではすべてが厳粛で、それまでとはまったく違った雰囲気だった。カナダでの投資は無謀なギャンブルにひたすらのめり込んだようなもので、二度と同じまねはするまいと誓った。ニューヨークの新聞の長々と黒い数字が続く株価欄を眺めていると、成功が約束された新しい人生が開けようとしているのだという気持ちになった。これは金鉱の発見とか、ウラニウムの鉱脈というようないかがわしい早耳情報がはびこるカナダの株式市場とは違うのだ。今回は、銀行の頭取たちが行き交い、大手の企業が軒を並べる街でのビジネスライクな取引なので、それ相応の敬意をもって臨まなければならないだろう。

株式市場に対して、以前よりももっと慎重に、熟慮を重ねて取り組むつもりだった。どのくらいの資金を運用できるのか、手持ちの資産を計算してみた。カナダでは一万一〇〇〇ドル、つまりブリランドへの投資の元手三〇〇〇ドルと利益の八〇〇〇ドルから出発した。カナダで投資していた一四カ月の間にこの原資のうち五二〇〇ドルをすってしまった。残金五八〇〇ドルが資金のすべてだった。

ウォール街に乗り出すのにこれでは心細いと思ったので、元手を増やすことにした。シヨービジネスでの蓄えのなかから引き出して、資金を一万ドルに増額した。これなら切りのいい恥ずかしくない数字だろうと考え、その全額をブローカーに委託証拠金として預けた。

そこで、取引を始めることにした。ルー・ケラーに電話をかけて、古手の投資家を気取った素っ気ない口調で、何か良いものはないかと尋ねた。

こういう尋ね方は、むしろ精肉店の店先での会話にふさわしいものだと今では気づいているが、ケラーはその質問を平然と受け止めた。「安全銘柄」をいくつか提案し、なぜ「安全」なのかについてファンダメンタル面の説明を述べた。わたしには理解できなかったが、増配、株式分割、収益性の改善というような説明に熱心に耳を傾けた。当時のわたしには、これはプロによる最高のアドバイスに思えた。この男はウォール街で生計を立てているので、いろいろなことを知っていても不思議はない。さらに、彼は「提案」しているにすぎない。彼は「決めるのはあなたです」と強調して言った。この言葉でわたしは自分が偉くなったような、また主導権を握っているような気分になった。

ケラーの勧めた株式のうち、即座に数ポイント値上がりしたものが一～二銘柄でもあれば、わたしは受け取った情報の素晴らしさと、その情報に基づいて行動する自らの株式投資の天分についてなんの疑問も持たなかった。だが実際には、市場はいまだかつてないほどの大強気相場に沸き、自分も実際にその渦中に巻き込まれていたので、極端に運に見放されないかぎり、値上がり益をまったく手にしない可能性のほうが極めて低いということを、わたしは分かっていなかったのである。

次に、一九五四年の初めに連続して行った代表的な取引を三つ掲げる。これらの取引によって、わたしは自分を生まれつきウォール街にぴったりの人間だと確信した。記載した

表2.1

コロンビア・ピクチャーズ　200株		
買い	20ドル	(4050.00ドル)
売り	22 7/8ドル	(4513.42ドル)
利益	**463.42ドル**	
ノースアメリカン・エビエーション　200株		
買い	24 1/4ドル	(4904.26ドル)
売り	26 7/8ドル	(5309.89ドル)
利益	**405.63ドル**	
キンバリー・クラーク　100株		
買い	53 1/2ドル	(5390.35ドル)
売り	59ドル	(5854.68ドル)
利益	**464.33ドル**	
利益合計 1333.38ドル		

数字はすべて手数料と税金込みの数字である（**表2・1**）。

上記の取引では、それぞれ四〇〇ドル以上の純益を稼いだことがお分かりだろう。それほど大きな金額ではないが、数週間のうちに三件の取引で連続して利益を上げ、その合計が一三三三・三八ドルになったことで、投資というのはなんの障害もなく、簡単で、思いどおりに行くものだと思った。ウォール街で株式取引を行い、しかも儲けているという感覚と、この街に対して抱いた畏敬の念が相まって、愚かにも幸福感に包まれた。カナダ時代の素人の域から抜け出して、投資実力者グループの一員になりつつあると感じた。自分の取引手法

表 2.2

	買い（ドル）	売り（ドル）
ナショナル・コンテナ	11	12 3/8
トライコンチネンタル・ワランツ	5 1/8	6
アリス・チャーマーズ	50 3/4	54 7/8
ビュサイラス・エリー	24 3/4	26 3/4
ゼネラル・ダイナミックス	43 1/2	47 1/4
メスタ・マシーン	32	34
ユニバーサル・ピクチャーズ	19 5/8	22 3/4

には一向に進歩がないこと、以前よりもったいぶった言葉で取り繕っているにすぎないことには気づいていなかった。例えば、ブローカーのアドバイスをいかがわしい耳寄り情報ではなく、「根拠のある情報」と考えるようになった。耳寄り情報に耳を傾けるのはやめて、確かな経済的な根拠に基づいたまっとうなニュースを受け取っているつもりになっていたのだ。

わたしの船は幸せな航海を続けていた。一九五四年四月と五月の取引をいくつか挙げる（**表2・2**）。

利益、利益、利益――。わたしの自信は頂点に達した。明らかにカナダとは違う。ここでは、わたしが触れたものはすべて金（ゴールド）に変わる。五月末までに、元手の一万ドルは一万四六〇〇ドルまで増えていた。

時には損をしたこともあったが気にならなかったし、

資産家を目指す上り坂での避けがたい、ちょっとした後退だと考えた。さらに、取引で成功するとわが身が誇らしく、失敗はブローカーのせいにした。

わたしは絶え間なく取引を続けた。一日に二〇回もブローカーに電話したこともある。一日に最低一回は売買しないと、株式市場で自分の役割を果たしていないような気がした。新しい銘柄が目につくと手に入れたくなった。子供が目新しいおもちゃを欲しがるように、新たな株式に手を伸ばした。

次の取引は一九五四年七月に行ったものだが、ほんのわずかな利益のために、ウォール街でどれほど大きなエネルギーを費やしたかが分かるだろう（**表２・３**）。

この一連の取引で得た純利益は一・八九ドルだった。喜んだのはわたしのブローカーだけだ。ニューヨーク証券取引所の規則では、この九件の取引に対するブローカーの手数料は二三六・六五ドルであった。ちなみに、一・八九ドルの利益はブローカーへの電話代を勘定に入れていない。

こんな状況にもかかわらず、わたしが本当に悩んだことは次のひとつのことだけだった。株式市場についてブローカーがしゃべっている言葉のうち、その半分も理解できなかったということである。自分の無知をさらけだしたくなかったので、本を読んで勉強すること

表 2.3

アメリカン・ブロードキャスティング・パラマウント　200株			
買い	100 株	16 7/8 ドル	（1709.38 ドル）
	100 株	17 1/2 ドル	（1772.50 ドル）
売り	17 7/8 ドル		（3523.06 ドル）
利益	**41.18 ドル**		
ニューヨーク・セントラル　100株			
買い	21 1/2 ドル	（2175.75 ドル）	
売り	22 1/2 ドル	（2213.70 ドル）	
利益	**37.95 ドル**		
ゼネラル・リフラクトリーズ　100株			
買い	24 3/4 ドル	（2502.38 ドル）	
売り	24 3/4 ドル	（2442.97 ドル）	
損失	**59.41 ドル**		
アメリカン・エアラインズ　100株			
買い	14 3/4 ドル	（1494.75 ドル）	
売り	15 ドル	（1476.92 ドル）	
損失	**17.83 ドル**		
利益合計	**79.13 ドル**		
損失合計	**77.24 ドル**		

にした。ブローカーと対等に話ができるように、ニューヨークの新聞の金融欄だけでなく、株式市場について書かれた本を読み始めた。

徐々にではあるが、一連の新しい用語にもなじめるようになって、いつもそうした用語を使うように努力した。収益、配当、時価総額というような言葉に心を奪われた。「一株当たり利益」とは「ある企業の純利益を発行株式数で割ったもの」であるとか、「上場証券」とは「ニューヨーク証券取引所およびアメリカン証券取引所で売買される証券」の意味だということを学んだ。株式、債券、資産、収益、利回りの定義を一生懸命に勉強した。

株式市場に関する本は何百冊となく出版されていたので、読むべき本は無数にあった。その他さまざまな分野と比べても、株式市場について書かれた本の数のほうがずっと多かった。

当時のわたしが読んだ本は次のようなものだ。

●R・C・エフィンジャー『ABC・オブ・インベスティング（ABC of Investing）』
●ダイスとアイトマン共著『ストック・マーケット（The Stock Market）』
●B・E・シュルツ『セキュリティーズ・マーケット（The Securities Market : And How It Works）』
●レオ・バーンズ『ユア・インベストメント（Your Investments）』
●H・M・ガートリー『プロフィット・イン・ザ・ストック・マーケット（Profit In The Stock Market）』
●カーティス・ダール『コンシステント・プロフィット・イン・ザ・ストック・マーケッ

ト（Consistent Profits In The Stock Market）』
●E・J・マン『ユー・キャン・メイク・マネー・イン・ストック・マーケット（You Can Make Money In The Stock Market）』

新しい用語と、自分では広がりつつあると思っていた知識という二つの武器を身につけたことで、以前よりも野心が募ってきた。二匹目のブリランドを探す時期がやってきたと思った。ウォール街のどこかに、きっと手堅く大きく儲けさせてくれる株があるはずだ。わたしはムーディーズ、フィッチ、スタンダード・アンド・プアーズなどの株式投資情報誌サービスを利用し始めた。これらのサービスからは格調の高い情報を得ることができた――問題は、わたしにはその内容がさっぱり理解できなかったということだ。

例えば、次のような記述があった。

「耐久財、非耐久財、サービスに対する消費者支出の拡大が確実視されていること、および生産効率がかなり著しい改善を示していることによって、このような好環境が収益面に反映され得る体質の企業には、相当の高収益と増配が見込めるであろう。当面、これまで見られた景気の不規則性は続くものと予想されるが、この不規則性の裏側で特定マーケットの優位性という新事態が進展するであろう」

情報誌の記事には威厳があり、印象的で、わたしの知りたいことはすべて教えてくれた――ただし、ブリランドのように値上がりする銘柄はどれかという話を除いてだが……。

しかし、読んでいるうちに好奇心が芽生えてきた。ほかの株式情報誌がどんなことを言っているのか知りたくなった。新聞広告で見ると、カナダと同様に、ある情報誌は一ドルで四週間の試し購読ができるとあった。しばらくの間に、広告のあった情報誌のほとんどすべてを購読することになった。

わたしは日刊紙、金融記事、本のカバーなど、いろいろなところから切り抜きの収集を始めた。新しい投資情報サービスの広告を見つけると、直ちに代金を郵送した。

刊行物が届いてみると、お互いに言っていることが食い違っていることにとても驚いた。ある情報誌が買いを勧める株式について、他誌が売りを勧めていることがしょっちゅうあった。また、推奨の言葉はほとんど例外なく言質を取られないようにしていた。「反落を待って買い」とか、「押し目買いを推奨」という言葉を使っていた。しかし、一体何をもって反落とし、何を押し目と考えるべきかを教えてくれる情報誌は皆無だった。

そんなことは気にせずに、上がる一方の株式の秘密を見つけたいと思いながら、むさぼるように情報誌を読んだ。ある日、年に五～六回しか投資情報を発行しないことを誇りにしている投資顧問会社が、ほぼ全ページつやつやの光沢紙に印刷されたエマーソン・ラジオの調査報告書を発行した。その報告書では、同社が強大企業のＲＣＡにひけを取らないような書かれ方がされていた。また、エマーソン社の時価総額、売上高、税引き前利益、税引き後利益、一株当たり利益、株価収益率（ＰＥＲ）の比較などが詳述されていた。

記載してあることすべてを理解できたわけではなかったが、その学識豊かな文章や比較分析の方法に強く感銘を受けた。そのパンフレットには、エマーソンの株は現在一二ドルで売られているが、その時点のＲＣＡの株価と比較すると三〇～三五ドルの価値があると論証していた。

当然、わたしはエマーソンの株を買った。買値は一二½ドルだったが、あのピカピカのパンフレットが確実に三五ドルの価値があると言っていた株式の価格としては、素晴らしいバーゲン価格だった。そこで何が起きただろうか。必ず儲かるはずのこの株がずるずると下がりだしたのだ。訳が分からず、当惑しながらも売却した。

今となってみれば、ウォール街の生真面目なアナリストが最高の誠意をもってこのまばゆいばかりの小冊子を書いたことは間違いないと思う。しかし、真実を知ってもらうために言っておかなければならないのは、この株式が一九五六年末には、五3/4ドルまで下がったことである。

ちょうどこのころ、ウォール街で何世代にもわたって語り継がれた「利食い百人力」という格言を初めて耳にした。この言葉に感動したわたしは、自分の投資の実践にぜひとも取り入れなければならないと思った。そこでわたしが行った取引は次のようなものだった。一九五五年二月初め、マーケットの主導株のひとつにカイザー・アルミニウムがあった。ブローカーに勧められて一株当たり六三3/8ドルで一〇〇株買い、合計六三七八・八四ドルを支払った。この株は着実に値上がりしたので、七五ドルで売って七四三九・二九ドルの代金を受け取り、一カ月足らずの間に一〇七四・四五ドルの利益を稼いだ。

再度、短期間での利食いを期待して買ったのはボーイングで、八三ドルで一〇〇株買い、八三四三・三〇ドルを支払った。この株式はほとんどすぐに下がり始めた。四日後、七九7/8ドルで売り、七九四〇・〇五ドルを取り戻した。ボーイング株での損は四〇三・二五ドルだった。

この損を取り戻そうと、四月の第一週にマグマ・カッパーを買った。株価は八九3/4ドルで、一〇〇株の総額は九〇一八・九八ドルであった。この株式もわたしが買うやいなや下がりだした。二週間後、八〇½ドルで売って八〇〇二・一八ドルを回収した。一〇一六・八〇ドルの損だった。

このころには、わたしが三月の第一週に手放したカイザー・アルミニウム株は八二ドルまで上昇していた。投資顧問会社が推奨したので再度買うことにして、その価格で一〇〇株買い求め、八二四三・二〇ドルを支払った。

五分後に、この株式は下落を始めた。これ以上の損失リスクを取りたくなかったので、八一¾ドルで売り、八一二七・五九ドルを取り戻した。わずか五分間の取引で、手数料も含めて一一五・六一ドルを失ってしまったのだ。

最初のカイザーの取引でわたしが儲けたのは一〇七四・四五ドル。そのほかの銘柄の売買で被った損は一五三五・六六ドルにも上った。したがって、カイザーで始まり、カイザーで終わったこの一連の取引では四六一・二一ドルの純損になった。

もしもともと六三⅜ドルで買ったものを、最後に売った八一¾ドルになるまで持っていたとすれば、四六一・二一ドルの損の代わりに一七四八・七五ドルの利益を上げていたはずだった。

もうひとつ、こんな事例がある。一九五四年一一月から一九五五年三月にかけて、レイ

表2.4

レイヨニアー 100 株		
1954年11～12月	買い	53 ドル　(5340.30 ドル)
	売り	58 1/4 ドル (5779.99 ドル)
	利益	**439.69ドル**
1955年2～3月	買い	63 7/8 ドル (6428.89 ドル)
	売り	71 5/8 ドル (7116.13 ドル)
	利益	**687.24ドル**
1955年3月	買い	72 ドル (7242.20 ドル)
	売り	74 ドル (7353.39 ドル)
	利益	**111.19ドル**
	利益合計1238.12ドル	

ヨニアーという株式の売買を繰り返していたが、この株価は八カ月の間におよそ五〇ドルから一〇〇ドルにまで上がった。当時、レイヨニアー株を一回ごとに一〇〇株取引したが、その内容は次のとおりであった（**表2・4**）。

この一連の取引で得た利益は、一二三八・一二ドルとなった。その後、またいつもの損のパターンを繰り返すことになった。一九五五年四月、わたしはマナティ・シュガーに乗り換え、一〇〇株を八3/8ドルで買って八五〇八・八〇ドルを支払った。その直後に株価が下がりだしたので、七3/4ドル、七5/8ドル、七1/2ドルと、その都度違った価格で売った。受取総額は七四六五・七〇ドルだったので、損失は一〇四三・一〇ドルであった。レイヨニアーとマナティの取引を総合すると、純利益は一九五・〇二ドルだった。

しかし、レイヨニアー株を一一月に買ったあと、頻繁に利益を求めて売買を繰り返すことなく四月に八〇ドルで売っていれば、利益は一九五・〇二ドルではなく、二六一二・四八ドルになっていたはずだった。

一体これは何を意味するのか。当時は正しく認識していなかったのだが、これは「利食い百人力」という格言が間違っているという典型的な事例ではないか。そう、利食っても破産することがあり得るのだ！

株式市場に伝わるもうひとつの格言で、わたしが心を引かれたのは「安く買って、高く売れ」というものだった。こっちのほうがずっと良い。しかし、安い株は一体どこへ行ったら買えるのか。バーゲン株を探しているうちに、店頭市場、つまり非上場株を取引する市場を見つけた。企業が株式を上場し、その株式が証券取引所で売買されるようになるためには、厳格な財務上の規則に従わなければならないことは、本で読んで知っていた。店頭株式には、この規則が適用されないことも本で学んだ。

したがって、わたしには店頭市場こそ、バーゲン株を見つけるための格好の場所に思えた。天真爛漫にも、上場されていないのだから店頭株の存在を知っている人は少なく、安く買えると思い込んだ。急いで「店頭証券展望」という薄っぺらな月刊誌を購読して、獲物狩りを始めた。

無数の株式のなかから、バーゲン株らしいものを熱心に探した。パシフィック・エアモーティブ、コリンズ・ラジオ、ガルフ・サルファー、ドーマン・ヘリコプター、ケナメタル、テコイル・コーポレーションなどに加え、もっと世間に名前の知られていない株式も買った。しかし、いざ売りに出そうとすると、まるでコールタールのように張りついて手から離れない株式があろうとは思いもしなかった。手放すのが実に難しい株があって、買ったときの価格などでは到底売れないのだ。

どうしてなのか。その理由は、上場株のようなしっかりした価格秩序がないからであり、スペシャリスト（特定の銘柄を取り扱う取引所会員）、つまり継続的で秩序ある市場形成を確保する専門家がいないからであり、またどんな価格で取引が行われているかが分かる仕組みがないからである。

あるのは「買い気配」と「売り気配」だけだ。しかもこの両気配の開きが非常にかけ離れていることが多い。例えば、ある株式を「売り気配値」の四二ドルで売ろうとしても、見つかるのは「買い気配値」三八ドルで買おうとする買い手なのだ。ときには四〇ドルで売れることもあるが、まったく確実性はない。

うっかり店頭市場に首を突っ込んだころは、こんなことは一切知らなかった。幸いにも、これは特殊な分野で、ある特定の会社の事情を「実際に」よく知っている専門家でなければ有利に立てないことにすぐに気がついた。この市場から足を洗おうと決め、また上場株に舞い戻った。

この時期を通じて、わたしはウォール街のうわさ話が真実かどうかについて少しも疑問を抱いたことはなかった。カナダやほかの市場と同様、うわさは根拠が薄弱で危険なものであることに気づいてはいなかったのだ。

ウォール街のパイプを通じて直接流れてきた情報は信頼すべきものだと信じて、ときめくような魅力を感じたものだ。次の二つのケースを見れば、わたしがどんな情報に飛びつき、それに基づいてどんな行動をしたのかがよく分かるだろう。

ある日、ボールドウィン・リマ・ハミルトンという名前の鉄道関連設備のメーカーが、原子力で動く列車を受注したといううわさがマーケットに広まった。この話にウォール街は直ちに反応した。同社の株価は一二ドルから二〇ドル以上にまで跳ね上がった。

あとで分かったのだが、わたしがこの驚くべき情報を聞いたときに株価はすでにピークを付けていた。わたしは二四½ドルで二〇〇株買い、支払い総額は四九五四・五〇ドルだった。この株式を保有していた二週間の間に、株価が徐々に一九¼ドルに落ち込んでいくのを到底信じられない思いで眺めていた。このときまでに、さすがのわたしもこれは何かおかしいと思い、一一六〇・三八ドルの損を出してこの株式を売り払った。しかし、ろうばいしていたにしては最善の行動だった。この株はのちに一二¼ドルまで下がったので、もっとひどい目に遭ったかもしれなかったからだ。

「スターリング・プレシジョンは、今年の末までに四〇ドルになりますよ」――あるときわたしのブローカーが電話をかけてきてこう言った。この株の相場はその当時八ドルだった。

「この会社は優良な小企業をいろいろ買収しようとしているので、すぐに巨大企業に変貌するでしょう」というのがその理由だった。また、これは直接手に入れた情報だと付け加えた。

わたしにはこれで十分だった。なぜなら、わたしの考えではウォール街のブローカーが間違うことはあり得ず、その彼が好意で本物のニュースを教えてくれたのだ。情報源から判断して、今回は大きく出ることにした。スターリング・プレシジョンを七⅞ドルで一〇〇〇株買って、八〇二三・一〇ドルを支払った。くつろいで、晴れやかな気分でこの株が四〇ドルに上昇するのを見守ることにした。だが、四〇ドルに跳ね上がるどころか、価格がぐらつき始め、ゆっくりと下落していった。明らかに雲行きが怪しくなり、七ドルを割りそうになったので、七1/8ドルで売って、六九六七・四五ドルを回収した。この一件では、数週間のうちに一〇五五・六五ドルの損を被った。最終的にこの株価は四1/8ドルという安値まで落ち込んだ。

しかし、こうした損も自分はウォール街の一員だという誇らしさで消し飛んでしまい、わたしは絶えず新しい攻略法を模索していた。

ある日、ウォール・ストリート・ジャーナルを読んでいて、上場企業の役員が行った株式取引に関する記事が目に入った。さらに調べてみると、市場操作を防止するために、SEC（証券取引委員会）が企業の役員に対して自社株を売買したときはその報告を求めていることが分かった。これは重要なことではないか！　ここに、本物の「インサイダー」がどういう行動をとっているかを知る手掛かりがある。ただ彼らのあとについて行くだけでよい。彼らが買えばわたしも買い、彼らが売ればわたしも売ればよい。

この方法を試してみたが、どうもうまくいかなかった。インサイダー取引の事実を知るころになると、いつも時期が遅すぎた。また、インサイダーも人間であると思ったことが何度もあった。ほかの投資家と同じように、彼らも買うのが遅すぎたり、売るのが早すぎたりすることがしょっちゅうあったのだ。もうひとつ発見したことがある。それは、彼らは自分の会社のことなら何でも知っているが、自社株が売買されている市場がその株式をどう受け止めているかを知らないということだ。

しかし、あれやこれやの経験を積んでいるうちに、結論めいたものが徐々に浮かび上がってきた。何回も繰り返し聞いているうちに言葉を覚える赤ん坊のように、わたしにも株式取引の経験を通じて、徐々にではあるが、従うべきルールの輪郭が見え始めた。それは次のようなものだ。

一．投資顧問の言うことを聞いてはいけない。彼らは絶対的に正しいわけではないからだ。これはカナダでもウォール街でも変わらない。

二．ブローカーのアドバイスには用心しなければならない。彼らも間違えることがある。

三．ウォール街の格言は、どんなに古くからのものでも、またどんなにありがたがられているものであっても、無視すべきだ。

四．「店頭株」に手を出してはいけない。取引するのは、売りたいときには必ず買い手が見つかる上場株だけにする。

五．どんなに根拠があるように見えても、うわさに耳を傾けてはいけない。

六．ギャンブル的手法よりも、ファンダメンタルズに目を向けるやり方のほうがうまくいった。ファンダメンタルズの勉強をしなければならない。

わたしはこれらのルールを書きとめ、ルールに従って行動する決心をした。そして、ブローカーからの取引明細書をチェックしていたとき、第七のルールが生まれるきっかけになった取引に目がとまった。これは後述する出来事の発端になったものだ。保有株のなかに、自分が持っていると思っていなかった株が含まれていることに気づいたのである。

その銘柄はバージニアン鉄道で、一九五四年八月に二九3/4ドルで一〇〇株買い、三〇四・八八ドルを支払ったものだった。買ったのをすっかり忘れていた。それは、時には七五セントなどというわずかな儲けのため、何十種類もの株式の売買で電話をかけまくるのに忙殺されていたことと、そうでない場合には値下がりしつつある株を、さらに値下がりする前に損切りしようと必死でダイアルを回していたからにほかならなかった。

バージニアン鉄道にはまったく不安を感じたことがなかったので、放っておいたのだ。その株は、わたしが一〇人ものいたずらっ子の行動に悩んだり、いらいらしたりしている間、片隅で静かに座ってひとり遊んでいる聞きわけの良い子供のようだった。買ったのは一カ月も前のことだったので、その名前を見たとき即座には思いだせなかった。あまりに値動きが乏しかったので、まったく念頭になかったのだ。急いで相場表を見た。四三½ドルだった。この物静かで忘れ去られた株式は配当を生みながらゆっくりと値上がりしていたのだ。早速、売って四〇三八・五六ドルの代金を手にした。何の苦労もせずに、また不安を感じたことすらなく、一〇三三・六八ドルの利益を得た。この出来事のおかげで、わたしはおぼろげながら、のちに第七番目になる次のルールを意識するようになった。

七．いちどきに一〇種類の銘柄を短期間で売買するよりも、むしろ値上がりしている一銘柄を長期間保有すべきだ。

しかし、どの株が値上がりするのか。自分ひとりでどのようにして探せばよいのか。わたしは、バージニアン鉄道という会社を調べてみることにした。ほかの株式が浮き沈みしていたのに、何が原因でこの株は着実に値上がりしていたのだろう。ブローカーに情報を求めた。ブローカーは、この会社は配当が高いうえに、収益の実績も優れているからだと答えた。財務状態が素晴らしいのだそうだ。着実な値上がりの原因が分かった。これで、わたしのファンダメンタルズに基づく攻略法が正しいという確信ができた。

そこで、この攻略法をさらに洗練しようと決心した。本を読んで研究し、分析を行った。理想的な銘柄探しに乗り出した。

企業の業績報告書を徹底的に読めば、その会社の株式のことはすべて理解できるし、投資の良否も判断できると考えた。わたしは貸借対照表や損益計算書についてあらゆることを学び始めた。「資産」「負債」「総資本」「償却」などといった言葉は日常的なボキャブラリーになった。

何カ月もこの課題に取り組んだ。毎夜、日中の売買が終わったあとの数時間、何百という会社の財務諸表を綿密に調べ上げた。各社の資産、負債、売上高利益率、株価収益率を比べ合わせた。

次のような資料にも目を通した。

●最高の格付けの株式
●プロが好む株式
●一株当たり簿価よりも安く売られている株式
●キャッシュポジションが強固な会社の株式
●減配および無配が過去にない株式

しかし、再三にわたって同じ問題にぶつかった。たとえ紙の上では万事が完全なように見えても――つまり貸借対照表が申し分なく、将来性があるように見えても――株式市場ではけっしてそのとおりには反応しないものなのだ。

例えば、一〇社ほどの繊維会社の財務状態を慎重に比較して、十分な検討を加え、貸借対照表上で最も優れているのは明らかにアメリカン・ビスコースとスティーブンズだと考えられるのに、テキストロンという別の会社の株価がドンドン値上がりし、わたしの選んだ両社の株は一向に値上がりしなかったときは、理由が分からず、非常に頭をひねった。これと同じ現象がほかの業界でも何度か起きた。

迷いに迷い、少し落ち着きを失った揚げ句、会社の真価をもっと大所高所から判断する権威ある機関の意見を聞いてみるのがもっと賢い方法ではないかと考えた。そこで、ブローカーの営業マンにそんな機関がないかと尋ねてみた。彼は、あちらこちらで広く利用され、本格的で非常に信頼性の高い調査機関を推薦してくれた。この機関は毎月、数千の銘柄について、事業の種類、最低でも過去二〇年間の株価レンジ、配当、財務構造、一株当たりの年間利益などの重要データを提供しているという。また、安全性と価値についてユニバース内の相対的な基準で各銘柄の格付けを行っているそうだ。この話に興味をそそられ、どういうふうに格付けをするのだろうと思った。

「高格付け銘柄」というのは、配当の支払いが比較的確実だと考えられるもので、次のランクからなっている。

AAA……極めて安全性が高い
AA………安全性が高い
A…………堅実

次の「投資適格銘柄」というのは、通常は配当を支払っている企業のことである。

BBB……この範疇では最も良い
BB………優良
B…………まずまず

次の「低格付け銘柄」というのは、現在は配当を支払っているが、将来の配当が不確実な企業のことである。

CCC……この範疇では最も良い
CC………配当の見込みはまずまず
C…………配当の見込みは少ない

次の「最低格付け銘柄」というのは、次のとおりである。

DDD……配当の見込みがない
DD………わずかながら価値が認められる

D……まったく価値が認められない

わたしはすべての格付けを注意深く検討した。非常に簡単に見えた。これでもう貸借対照表や損益計算書を見る必要がなくなった。ここには明快な分析結果があるので、ただそれを比較しさえすればよい。AはBよりも優良で、CはDよりも優れているのだ。

わたしはこの新しい方法に夢中になり、安心した気分になった。これが冷徹な科学が持つ魅力だと思った。もう過熱したうわさにやきもきさせられて、振り回されることもない。わたしは冷静で超然とした投資家になろうとしているのだ。

自分が財産を築くための土台作りをしているという確信があった。自らの能力を信じ、自信満々だった。だれの言うことも聞かず、だれのアドバイスも求めなかった。以前の行動はすべて、ギャンブルのような投資をしていたカナダ時代と変わるところのない軽薄な行為だったのだ。成功を収めるために今必要なことは、自分で各銘柄の比較分析表を作ることだと考えた。そして、長時間かけてわき目もふらず真剣に作業した結果、リストを作り上げた。

株価表を見ていると、動物の群れとそっくり同じように、株式も業界ごとにグループを作っていること、そして同じ業界に属している株式が市場で上下するときはいずれも同じ動きをする傾向があることに気づいた。

ファンダメンタル分析を使って、次のことを探してみるのが理にかなっているように思えた。

一．最も強い業界

二．その業界のなかで最も強い企業

こういう理想的な企業の株式を買って、しっかり持っていれば〝必ず〟上がるにちがいない。

ある株が業界との関係でどんな性格を持っているかを調べるようになった。ゼネラルモーターズの株価を見るときは、無意識のうちにクライスラーやスチュードベーカー、アメリカン・モータースの株価を調べた。カイザー・アルミニウムを見る場合には、ひとりでにレイノルズ・メタルズ、アルコア、アルミニウム・リミテッドに目がいった。株価表を見るときにはいつも、アルファベット順ではなく、業界別に見るようになった。

ある株式がマーケット全般よりも良い動きを始めたときには、すぐにその兄弟、つまり同業他社株の動向を調べた。兄弟たちも良い動きをしているときは、家長、つまり一番良い動きをしているリーダー格の株を探した。リーダーで儲けることができなければ、ほかの株で儲けることができるはずはない、という理屈だ。

こういうことをしている最中は、このうえなく楽しい気分で、また重要なことをしているという気がしていた。この本格的、かつ科学的な投資法を研究していると、自分がデビュー寸前の金融専門家になったような気になった。さらに、これは単なる理論以上のものに思えた。この方法をすべてそのまま実践に移せば大儲けできるだろう。

石油、自動車、航空機、鉄鋼など、すべての業界ごとの収益を集めてみた。現在の収益と過去の収益の比較を行った。それから、この収益を他業種の収益と比べてみた。各業界の売上利益率、株価収益率（ＰＥＲ）、時価総額を綿密に比較対照した。

膨大な取捨選択の作業の結果、わたしを金持ちにしてくれるのは鉄鋼業だという結論に達した。

この決断を下すと、鉄鋼業について細かな点に至るまでさらに検討を加えた。もう一度、格付け資料を徹底的に調べた。

安全な投資をしようと決心していたので、買うべき株式は格付けがシングルＡ以上、配当が高いものにしようと思った。しかし、思いがけないことにぶつかった。調べてみると、Ａランクの株式というのは極めて数が少なくて、そのほとんどは優先株だった。また、価格的にも比較的安定していて、目覚ましい値上がりはめったになかった。どう見てもわたし向きではない。

Ｂランクを見ることにした。このランクの株式も優良そうで、しかも無数にあった。このなかから最も名前が知られているものを五社選び出し、それを互いに比較してみた。この作業は極めて細心の注意を払って行った。完成したのは次ページのような比較表だった（**表3・1**）。

表3.1

会社名	格付け	1955年6月末の価格（ドル）	株価収益率	一株当たり利益			1955年予想値	
				1952年	1953年	1954年	利益	配当
ベスレヘム・スチール	BB	142 3/8	7.9	8.80	13.30	13.13	18.00	7.25
インランド・スチール	BB	79 3/8	8.3	4.85	6.90	7.92	9.50	4.25
USスチール	BB	54 3/8	8.4	2.27	3.78	3.23	6.50	2.15
ジョーンズ&ラフリン	B	41 1/2	5.4	2.91	4.77	3.80	7.75	2.25
リパブリック・スチール	B	47 1/4	8.5	3.61	4.63	3.55	5.50	2.50

自分で作った表を見ていると、興奮の波が押し寄せてきた。表はまるではかりの針のように、明らかにひとつの銘柄を指しているではないか。それがジョーンズ・アンド・ラフリンだった。なぜ今までだれもこのことに気づかなかったのか。

この株式に関するかぎり、すべての条件がそろっていた。

●強固な業界に属している
●格付けは堅実なBである
●配当率は六％に近い
●株価収益率は同業他社のどこよりも良い

とどめようのない感激がこみ上げてきた。これは疑いもなく天国へのカギだ。幸運がすぐ手の届くところにあるのを感じた。これがわたしを裕福にしてくれる株なのだ。これは科学的な確実性に基づいた優良株で、新しい、もっと壮大なブランドなのだ。すぐにも二〇～三〇ポイント値上がりするのは確実だ。

ひとつだけ大きな心配があった。それは他人が気づく前に、素早く大量の株を買い付けることだ。緻密な研究に基づいた判断に自信を持っていたので、あらゆる手段を尽くして金策をすることにした。

わたしはラスベガスに土地を若干持っていた。これはダンサーとして長年働いて得たお金で買ったものだ。これを抵当に入れて借金をした。一件だが保険にも入っていたので、これでローンを組んだ。ニューヨークの「ラテンクオーター」と長期契約を結んでいたので、前借りをした。

一瞬たりとも躊躇しなかった。何の疑いも持たなかった。わたしの最も科学的で慎重な研究の成果が実らないはずがない。一九五五年九月二三日、ジョーンズ・アンド・ラフリン株を一〇〇〇株、委託証拠金を積んで買った。当時の証拠金比率は七〇％だった。買い入れコストは五万二六五二・三〇ドルだったので、三万六八五六・六一ドルの証拠金を現金で積まなければならなかった。この金額を捻出するために財産をすべて担保に入れたのだ。

絶大なる確信をもって一切の作業に当たった。自分で考案した成功確実の理論によって得られる収穫を刈り取るまで、静観する以外には差し当たり何もすることはなかった。

九月二六日、雷鳴がとどろいた。ジョーンズ・アンド・ラフリン株が下がりだしたのだ。

信じられなかった。どうしてこんなことが起きるのだろうか。これは新しいブリランドのはずではないか。この投資でひと財産作るはずなのに。これはギャンブルなどではなく、信頼すべき数字に基づいた完全に客観的な投資なのだ。それでも株価は下がり続けた。

価格が下がるのを目の当たりにしながらも、この現実を受け入れることができなかった。ただ、あぜんとしていた。どうすべきなのか判断がつかなかった。売るべきだろうか。そんなことができようか。精魂を傾けた研究から得たわたしの胸算用では、ジョーンズ・アンド・ラフリン株は少なくとも一株七五ドルにはなるはずだった。「これは一時的な落ち込みにすぎない」と自分に言い聞かせた。値下がりする理由がない。優良で健全な株式なのだから、いつかは反転する。持ちこたえなければならない。だからわたしはじっと耐えた。

数日もたたないうちに、株価欄を見るのが怖くなった。ブローカーに電話するときは体が震えた。新聞を広げるのが恐ろしかった。

三ポイント下げたあとに〇・五ポイント戻すと、わたしは希望を取り戻した。これが回復の始まりだと思った。恐怖の念も一時的に収まった。ところが、翌日株価がまた下落を始めた。一〇月一〇日、四四ドルになったとき、目の前が真っ暗になってパニックに陥った。一体どこまで下がるのだろう。どうすればよいのだろう。恐怖心が無力感に変わる。一ポイント下がるごとに、さらに一〇〇〇ドルずつ損をする勘定になる。わたしの神経は到底持ちこたえられない。売る決心をした。わたしの勘定の貸方には四万三五八三・一二ドルという数字が記載された。九〇六九・一八ドルの純損失だった。

わたしは悲嘆に暮れ、息の根を止められ、打ちのめされた。自分がウォール街の科学的投資家だというひとりよがりの考えはもろくも崩れ落ちた。大きな熊がのしのしと向かってきたので射撃の準備をしているうちに襲われて、食べられてしまったような気分だった。科学なんてどこにあるのだ。研究なんて何の意味があるのだ。わたしの統計データは一体どうしてしまったのか。

他人が、わたしの被った壊滅的な打撃の影響を推し量ることは難しいだろう。わたしが無謀なギャンブラーなら、こういう事態を予想することもできただろう。しかし、わたしはこうなることを避けるために最善を尽くしたのだ。長時間苦労しながら作業した。過ちを避けるためにできるかぎりのことをした。調査を行い、分析を行い、比較分析を行った。最も信頼できるファンダメンタルズ情報に基づいて判断を下した。それにもかかわらず、総額九〇〇〇ドルもの損害を被るという結果になってしまった。

おそらくラスベガスの土地を失うことになると気がついて、暗たんたる絶望感に包まれた。破産の恐怖がすぐ目の前にまで迫ってきた。

強気相場の恩恵を受けたことと、ブリランドの株で最初に手っ取り早く成功したことで築いた自信がもろくも崩れていった。結果として、すべてのことが間違っていたのだ。ギャンブル、耳寄りな話、情報、調査、研究など、株式市場で成功するために試みたことがすべてうまくいかなかった。もう自暴自棄だった。どうしてよいのか分からなかった。これ以上続けることはできないと思った。

しかし、やめるわけにはいかなかった。土地を守らなければならない。損を取り戻す方法を考えなければならない。

毎日何時間も株価表を見つめて、ひたすら解決法を探し求めた。有罪宣告を受けた独房の囚人のように、抜け出す方法はないかと値動きのある株式すべてに注意を払っていた。

ついに、わたしの目が何かを見つけた。テキサスガルフ・プロデューシングという今まで聞いたこともない株式だった。価格が上がっているようだった。この会社のファンダメンタルズがどうなっているのかは何も知らなかったし、うわさひとつ聞いたことがなかった。知っていることといえば、毎日着実に価格が上昇していることだけだった。

これがわたしの助けの神になってくれるのか。そんなことは知るすべもなかったが、ともかく試してみなければならない。希望に導かれてというよりも、損を取り戻すための最後の一発勝負という追いつめられた気持ちで、三七 1/8ドルから三七 1/2ドルの値幅で一〇〇〇株の買い注文を出した。コストは全部で三万七五八六・二六ドルだった。

株価が続伸するのを、不安な気持ちで息をひそめて見守った。四〇ドルになったとき、売りたい誘惑に駆られた。だが我慢した。株式投資を始めて、素早く儲けられる機会をあえて見逃したのはこれが最初だった。あえてそうしたのは、九〇〇〇ドルという損を埋めなければならなかったからである。

ブローカーに一時間ごとに電話をした。一五分ごとということもあった。文字どおり、この株と一緒に暮らしているようなものだった。株のあらゆる動き、あらゆる変化を見守った。まるで、心配性の親が生まれたての赤ん坊の面倒を見るように気を配った。

いつも緊張して注意しながら、この株を五週間持ち続けた。

そこである日、株価が四三1/4ドルになったので、これ以上運試しを続けるのはやめようと決意した。売却して、その代金四万二八四〇・四三ドルを受け取った。九〇〇〇ドルは取り戻せなかったが、まずはその半分以上を穴埋めできた。

テキサスガルフ・プロデューシング株を売ったとき、長い間重病の床についた末に、やっと危機を脱したような気持ちだった。虚脱感に襲われ、うつろな気分で、疲労困ぱいしていた。けれども何かがはっきりと見え始めた。それはある質問の形となって現れた。「企業の業績報告書を検討したり、業界展望や格付け、株価収益率を研究したりすることに、どれほどの価値があるのだろうか」――。わたしを窮地から救ってくれたのは、まったく知らない会社の株だった。わたしがそれを選んだのは、その株がずっと上がり続けるように思えたという、ただそれだけの理由だった。

これが答えなのだろうか。おそらくそうだろう。

ジョーンズ・アンド・ラフリンで不幸な経験をしたことは、まったくの無駄ではなかったようだ。これがきっかけになって、あとにわたしが考案した理論がおぼろげながら見え始めたのだ。

第3部

テクニカルな分析

The Technician

Developing the Box Theory

ジョーンズ・アンド・ラフリン株で肝を冷やすような経験をしたり、テキサスガルフ・プロデューシングで比較的幸運な体験をしたことを踏まえて、じっくりと自分の状況を評価してみた。それまでに株式市場で十分に怖い思いもし、打ちのめされたりもしたので、運が良ければスロットマシンでジャックポットを引き当てるといった調子で、マーケットをひと財産稼ぎ出せる不可思議な機構と思ってはいけないという程度の認識はできるようになっていた。ツキの要素は人生のあらゆる局面についてまわるが、自分の投資活動は運任せにはできないと考えた。一度や二度ぐらいは運に恵まれるかもしれないが、毎回恵まれることはあり得ない。

そうだ、運任せにはできない。知識の助けを借りなければならない。株式市場での運用の仕方を学ぶ必要がある。ルールを知らずにブリッジに勝てるだろうか。あるいは、相手の指し手に応じるすべを知らずにチェスに勝てるだろうか。同様に、トレードの方法を学ばないで、株式市場での成功が期待できるだろうか。お金がかかっているのだし、ゲームの相手は極めて厳しい競争を勝ち抜いてきた専門家たちなのだ。ゲームの基本原則を学ばずして、彼らを相手に戦い、勝利を期待することはできない。

そこで早速始めることにした。まず、今までの体験を振り返ってみた。一方では、ファンダメンタルズに基づいた取り組みで失敗した。他方では、テクニカルな手法を使ったらうまくいった。テキサスガルフ・プロデューシングで成功した方法を繰り返すのが明らかに最善の道だろう。

これは生易しいことではなかった。毎晩、何時間も株価表を前にして、テキサスのような株がないか探してみた。

そんなある日、エム・アンド・エム・ウッドワーキングという株式が目にとまった。金融情報サービス業者はどこも大した情報を持っていなかった。わたしのブローカーはそんな名前は聞いたこともないと答えた。けれども、その株の毎日の値動きがテキサスガルフ・プロデューシングのときと似ていたので、あきらめずに関心を持ち続けた。その動向を注意深く見守った。

一九五五年一二月、この株は年末にかけて一二ドル近辺から二三 5/8ドルまで跳ね上がった。その後は保ち合い相場が続いたが、五週間ほどたって出来高が増え、株価も再び上昇を始めた。二六 5/8ドルのところで五〇〇株買う決心をした。その後、株価は上昇を続けたが、わたしはその動きをじっと見守りながら保有していた。株価は依然として続伸し、出来高も着実に増えていった。三三ドルになったところで売って、二八六六・六二ドルの利益を手にした。

わたしは幸福感に浸り、興奮していた。それはお金のためというよりも、テキサスガルフ・プロデューシングを買ったときと同様、純粋に市場での株式の値動きに基づいて、エム・アンド・エム・ウッドワーキングを買ったという理由からだった。この会社のことは何も知らなかったし、調べても大したことは分からなかった。けれども、価格が終始上昇していたことや出来高が多いことから判断して、わたしよりもはるかに多くのことを知っている人たちがいるにちがいないと思っていた。

この推測は正しかった。価格が絶えず上がっていたのは、合併の交渉が秘密裏に進められていたからだということを、この株を売ったあとで新聞を読んで初めて知った。最終的に明らかになった話では、ある会社が一株三五ドルでエム・アンド・エム・ウッドワーキングを買収しようと計画し、この提案が受け入れられたということであった。それによって、この舞台裏の取引話を一切知らなかったにもかかわらず、わたしは高値よりもわずか二ポイント安で売ることができたのである。純粋に株価の動向だけに基づいて買ったのだが、このやり方が、知るすべのない買収話による株価上昇をとらえることにつながったと知って、陶然とした気持ちになった。実際にはそうではなかったのに、まるでインサイダーにでもなったような気分だった。

マーケットに対して純粋にテクニカルな分析で臨むのが有効だと納得するのに、この経験が何よりも役立った。つまり、価格動向と出来高を注意深くチェックし、ほかのすべての要因は無視することで、良い結果が得られるであろうということだ。

そこで、この観点からうまく投資することに集中することにした。注意を価格と出来高のみに向け、うわさや耳寄り情報、ファンダメンタルズに関する情報はすべて無視するようにした。価格が上昇しても、その裏にある理由を詮索するのはやめようと決意した。ある企業についてファンダメンタルズが好転するような事情が生じても、それを知った多くの人々がその株を買いたがるだろうから、すぐに株価の上昇と出来高の増加になって表れるだろう。エム・アンド・エム・ウッドワーキングのときのように、こうした上向きの変化をごく早い時期に見つけだせるように値動きを読むことができれば、理由を知らなくてもその株式の値上がりに参加できる。

問題はただひとつ。それは、いかにこの変化を見つけるかである。もし普段から騒々しい美女がテーブルに飛び上がって激しいダンスを踊ったとしても、特にだれも驚きはしないだろう。彼女の性格からしてやりそうなことだと、皆が思っているからだ。しかし、貞淑な既婚女性が突然踊り始めたら、それは異常なことなので、「おや、おかしいぞ。何かあったにちがいない」と人は思うだろう。

それと同様に、普段はおとなしい銘柄が急に活発になったら、これは異常だと気づくだろうから、それで価格が上がればその株式を買えばよいのだ。通常ではない動きの裏に、何かしら相当の情報を持っているグループがいるはずだ。そんな株を買えば、わたしも利益という恩恵を受けることができるだろう。

このアプローチによって、成功したこともあれば、失敗したこともあった。わたしは自分の鑑識眼がいまだ未熟だったことに気づいておらず、理論を実行する自信を持ち始めた矢先に、愕然《がくぜん》とすることに出くわした。

一九五六年五月、ピッツバーグ・メタラージカルという株式に目がとまった。当時、その株価は六七ドルだった。値動きは素早く、ダイナミックで、これは急速に上がり続けると思った。値動きが加速するのを見て二〇〇株買い、そのコストは一万三四八三・四〇ドルだった。

自分の判断は確かだと思っていたので、夢中になってその株価の動きに神経を集中した。期待に反して株価が弱含みに転じたときは、たまたま小さな反落を起こしたのだろうと思った。少し押したら、再び大幅な上昇に向かうものと信じていた。確かに大幅に動いたのだが、それは予想したのとは逆の方向だった。一〇日後、ピッツバーグ・メタラージカルの株価は五七 3/4 ドルだった。その時点で売却し、二〇二三・三二ドルの損失となった。

明らかに何かおかしい。あの時点では、あらゆる観点から見てこれが市場で最優良株だということは明白だった。それにもかかわらず、わたしが買った途端に下がった。さらに落胆したことには、わたしが売るやいなや上昇を始めたのだ。

その原因を突き止めようと、この株の以前の動きを調べてみると、わたしが買ったのは一八ポイント上げた直後の天井価格だったことが分かった。ここしばらくの間、これがこの株式が行きつく高値の限界だった。そして、わたしがお金を注ぎ込んだのとほとんど同時に、値下がりを始めていたのだ。明らかに正しい株を買ったのに、そのタイミングが間違っていたのである。

あとから振り返ってみると、あのような値動きを見せた理由がよく分かるのだが、あとの祭りだ。問題は、株価が動きだすタイミングをどう判断するかにあったのだ。

問題自体は単純明白なのだが、その答えに至る道は極めて複雑である。本に書いてあることは役に立たないし、貸借対照表を見ても手掛かりはない。また情報は疑わしいし、間違いだらけだという分別はすでについていた。

ワラをもつかむ思いで、個別銘柄の動きを調べてみるという膨大な作業をすることに決めた。株式はどのような動きをするのか？　その特徴はどうなっているのか？　その上下変動に何かパターンがあるのだろうか？

本を読み、株価表をチェックし、数百枚のチャートを吟味した。研究をしているうちに、株式の動きについて以前は知らなかったいろいろなことが見え始めた。株の動きは必ずしも完全にでたらめなものではないことを理解し始めた。株は風船と違って、どんな方向にでも飛んでいくというものではない。株は磁石に引き寄せられるように上のほうへ、あるいは下に向かってトレンドを描く。ひとたびトレンドが形成されれば、そのトレンドは持続する傾向がある。株式はトレンドを描く過程で一連のフレームのなかで変動することがあり、この枠ひとつひとつをわたしは**ボックス**と呼んだ。

株価というのはほぼ常に高値と安値の間を行き来している。この上下変動を取り囲む領域がフレーム、つまりは「ボックス」だ。このボックスが、わたしには非常にはっきりと見えるようになった。

これがのちにわたしが財産を築くことになる「ボックス理論」の始まりであった。

この理論をわたしがどう応用したかを説明しよう。興味のある株がいくつかのボックスを形作り、それがピラミッドのようにお互いの上に積み重なり、株価が一番上のボックスの圏内に入ると、その動きに着目した。株価がそのボックスの天井と底の間を自由に跳ね回ると安心した。いったんボックスの大きさを見極めたあとは、そのフレーム内から株価が外れないかぎりは問題なしとみなした。実際、そのボックス内で株価が勢いよく上下しなければ不安になった。

変動しなければ、つまり値動きがなければ、それは活発な株式ではない。そして、活発な株でなければ、おそらくダイナミックに値上がりすることもないだろうから、わたしには興味がなかった。

［四五／五〇］のボックスにある株を例にとってみよう。株がこのボックス内において勢

いよく変動していれば、わたしにとって買いの検討対象となり得る。しかし、四四½ドルに下がってしまえば、買いの対象から外した。

なぜならば、どんな価格であろうが四五ドル以下になれば、それは下方のボックスに後退したことになってしまうからだ。買いたいと思う株は、上方のボックスへと上昇していくものだけだ。

時折、ある銘柄が何週間も同一ボックス圏内にとどまっていることがあった。ボックスのなかであるかぎりは――つまり、下方のボックスに落ち込まないかぎりは――それがどんなに長期に及ぼうが気にはしなかった。

ある銘柄が【四五／五〇】のボックスにあるときというのは、例えば次のような値動きになる。

四五－四七－四九－**五〇**－**四五**－四七

これは五〇ドルの高値に達したあとで、四五ドルの安値まで反落し、その後の終値が四六ドルとか四七ドルになる可能性があるということであり、わたしから見てこれは望ましい値動きだ。ボックスから外れていない。だがもちろん、わたしが絶えず待っていたのは、次の一段と高いボックスを目指し上へ突き抜ける動きだった。そうなれば、その銘柄を買った。

ボックスを上方に突き抜ける動きがどういうパターンで起きるかについて、確たるパターンを見いだすことはできなかった。数時間のうちに次のボックスに移っていく変動の激しい株があるかと思えば、何日も同一ボックスにとどまってから上抜けるものもあった。正統派のパターンとしては、【四五／五〇】のボックスから一段高いボックスに飛び上がったあとの値動きは、例えば次のようなものであった。

四八－五二－五〇－**五五**－五一－**五〇**－五三－五二

これで次のボックス、つまり【五〇／五五】のボックスが形成されたことがはっきりした。

誤解しないでもらいたいが、これはあくまで例にすぎない。ボックスのサイズは自分で決めなければならない。もちろん、これは銘柄が変われば、ボックスも変わってくる。例えば、上下一〇％以内といった、非常に小さなボックス内でしか動かない株もある。一五～二〇％も上下する振幅の大きな銘柄もある。値動きのフレームを正確に定めて、その銘柄がボックスの底を下抜けることがないように注意していなければならない。下抜ければ直ちに売却する。それは適切な株価の動きではないからだ。

動きがボックスのなかにとどまっているかぎり、五五ドルから五〇ドルへの反落は正常なものと判断した。こういう反落は、わたしにとっては株価のさらなる下落を意味するものではなかったからだ。それとはまったく反対なのだ。

高く飛び上がる前、ダンサーは跳躍に備えて身をかがめる。株も同じだ。通常、株価は五〇ドルから七〇ドルまで一気に跳ね上がることはない。上向きのトレンドにある銘柄が五〇ドルになったあとに四五ドルまで押すのは、換言すれば、ジャンプ直前に身をかがめるダンサーのようなものだ。

あとにもっと経験を積んで分かったことだが、五〇ドルの高値を付けたあとの四五ドルという価格にはもうひとつ重要な利点がある。憶病な弱気筋に押しを暴落と勘違いさせて彼らをふるい落とし、この銘柄の値上がりを加速させる効果があるのだ。

ある銘柄がはっきりとした上向きのトレンドにあるときは、その上昇の過程に調和のようなものがあることに気づくようになった。株価が例えば五〇ドルから七〇ドルに上昇する間にときどき値下がりする（押す）ことがあるのは、すべて正常なリズムの一部なのだ。

次に示すのがその例だ。

五〇－五二－五七－五八－**六〇**－五五－**五二**－五六

これは株価が**［五二／六〇］**に入ったことを意味している。

このあとでさらに上昇して、次のようになったとする。

五八－六一－六六－**七〇**－六六－**六三**－六六

これは**［六三／七〇］**のボックスのなかに入り込んだことを示している。この株はさらに一段と高い価格領域へじりじりと上昇する余地があると、わたしは考える。

だが、まだ大きな問題が残る。それはいつが適格な買いのタイミングかである。理屈から言えば、株価が新たな高値のボックスに入ったときだ。これは至極当然に思えたが、やがてルイジアナ・ランド・アンド・エクスプロレーションの例で、それが必ずしも正しくないということが実証された。

何週間もこの銘柄の動きに注目していたわたしは、ボックスが積み上がっていくのを確認した。最新のボックスの上限は五九 3/4ドルだと思い、自分では正しい評価をしたつもりだった。六一ドルになったら電話で知らせてくれるようにブローカーに頼んだ。その価格が新たなボックスの入り口だと思ったからである。ブローカーは指示どおりに電話をくれたが、ちょうどそのときわたしはホテルの自室にいなかった。彼と連絡がとれるまでに二時間かかった。そのときには、相場は六三ドルになっていた。とても大きな機会を逃したような気がしてがっかりした。

六一ドルの買いチャンスをむざむざと逃したことにも腹が立ったが、こんなに早く六三ドルになったことで、大魚を釣り損ねてしまったと考えた。興奮していたので、冷静な判断力を失っていた。非常に意気込んでいたので、どんなに高い価格でもこの株を買うつもりだった。相当値上がりするだろうと信じていた株式を手に入れずには、気が済まなかった。

株価は、六三 1/2ドル、六四 1/2ドル、六五ドルと続伸した。わたしの考えに間違いはなかった。判断は正しかったのだが、機会を失った。もはや待ってはいられなかった。わたしは新たなボックスの天井である六五ドルで一〇〇株買った。ボックスの底値を逃したのだからやむを得ない状況だった。

銘柄の選択や投資の方法については進歩があったが、ウォール街の仕組みについてはまだほとんど知識のなかったわたしは、ブローカーに問題をぶつけてみた。株価が六一ドルを付けたとき、不幸にもわたしが電話でつかまらなかったことについて議論した。ブローカーはわたしに、株を買うときは自動的に執行される「ストップオーダー」（逆指値注文）を出すべきだと言った。そうすれば、六一ドルになった時点でこの株が買えたはずだった。ある銘柄について買いを決めたときには、常に特定の価格を指定して買い注文を出せと言うのだ。そうしておけば、株価がその数字に達すれば、ブローカーはそれ以上わたしに相談することなく、その株式を買える仕組みだ。わたしはその提案に同意した。

自分がちょうど良いと思うタイミングで自動的に買い付けるという問題はこれで解決した。

この時期までにボックス理論とそれを応用する方法はしっかりとわたしの頭の中に定着して、連続三回の成功を味わった。

わたしがアレゲニー・ラドラム・スチールを買ったのは、ちょうどその株価が〔四五／五〇〕のボックスに突入するように見えたときだった。二〇〇株を四五3/4ドルで買って、三週間後に五一ドルで売った。

また、〔八四／九二〕のボックスに入りそうに見えたとき、ドレッサー・インダストリーズを八四ドルで三〇〇株買った。期待したようにこのボックスを突き抜ける動きが見られなかったので、八六1/2ドルで手放した。

その後、クーパー・ベッセマーを〔四〇／四五〕のボックスの底に近い四〇3/4ドルで三〇〇株買って、四五1/8ドルで売った。

この三回の取引の利益合計は二四二二・三六ドルだった。

これで大きな自信がついたが、その後ひとつの理論だけでは不十分だとわたしに悟らせるように、頬をひっぱたかれたような事件が起きた。八月、ノースアメリカン・エビエーション株を九四3/8ドルで五〇〇株買った。それはこの株式がすぐに一〇〇ドルを超す新たなボックスに入るのは確実だと思ったからだった。しかし、そうはならなかった。買った直後に、株価の向きが変わって下落し始めた。一ポイント下落したときに売ろうと思えば売ることはできた。さらにもう一ポイント下がったときも売ることはできた。しかし、わたしは売らずにおこうと決意して頑固に持ち続けた。わたしの誇りが売ることを許さなかったのだ。わたしの理論の威信にかかわる問題だった。この株がこれ以上下がることはあり得ないと、自分に終始言い聞かせた。マーケットには**あり得ない**などということはないということを、このときのわたしはまだ分かっていなかった。どんな銘柄であっても、あらゆることが起こる可能性があるのだ。翌週末までに、前の三回の取引で稼いだ利益が飛んでしまった。また、元のもくあみになった。

考えてみると、この経験はわたしの株式市場での経歴における重要な転機だった。

以下のことに気づいたのはこの時期だ。

一．マーケットに確実なことは何もない。きっと一〇回のうち五回は間違えるはずだ。

二．この事実を受け止め、これに従って自分を変えなければならない。プライドやエゴは抑えなければならない。

三．わたし自身が公平な診断医にならなければならない。いかなる理論、あるいは株式であれ、自分と同一視してはならない。

四．単純な運任せではいけない。最初に可能なかぎりリスクを減らさなければならない。

この方向に沿って最初にしたことは、わたしが「クイックロス」と呼ぶ手段を身につけたことだった。わたしはすでに、五〇％の確率で間違えることを覚悟していた。過ちを現実的に受け入れ、損が少ないうちに売ればよいではないか。ある銘柄を二五ドルで買ったとき、同時に二四ドル以下になれば売ってくれという注文を出しておけばよいではないか。

株を特定の価格で買おうとするときは「ストップオーダー」（逆指値注文）を出し、同時に値下がりに備えて、自動的に発動される「ストップロスオーダー」（手仕舞いの逆指値注文）を出すことに決めた。この方法をとれば、損の心配をしながら眠ることはないだろうと考えた。買った銘柄がこうあるべきだと思った価格よりも下がった場合、その晩眠りにつくときにはもうその銘柄はわたしのものではなくなっているだろう。わずか一ポイントのために「ストップアウト」（逆指値による損切りの執行）になったあとで、すぐに上げていくのを見る羽目になることもあるだろうと覚悟はした。しかし、大きな損を避けるためには、これはそれほど大した問題ではないと考えた。さらに高い価格さえ払えば、いつでも買い直すことはできる。

その次にとった手段も同じように重要なものであった。

表4.1

20ドルで500株を購入	
支出（手数料を含む）	1万0125.00ドル
20ドルで500株を売却	
収入（手数料差引後）	9875.00ドル
損失	250.00ドル
250ドル（手数料）×40（取引回数）＝	**1万ドル**

正しい判断を下せる確率が五〇％だということによって、成功が約束されるわけではないことをわたしは理解していた。勝ち負けトントンでも破産する場合があり得るということが分かり始めていた。一万ドルの資金を用意して平均的な株価の銘柄に投資した場合、株を買うたびにおよそ一二五ドルの手数料がかかり、売るたびにもう一二五ドル支払わなければならない。

勝率が二分の一だと仮定しよう。一回の取引で二五〇ドルかかるので、取引できる回数は実際に損をしなくても四〇回しかなく、それで元手はおしまいになる。資金は手数料で完全に消えてしまう。こんなふうにして、手数料はネズミのように取引ごとに少しずつ元手をかじっていき、ついには食い尽くしてしまう（**表4・1**）。

この脅威を回避する方法はただひとつ、利益の総額を損失の総額よりも大きくすることである。

自分にとって最も厄介な課題は、株価が上昇しつつあるときに早すぎる利食いをしないように自制することだというのは経験から分かっていた。小心者のためにいつも早めに利食ってしまった。二五ドルで買って三〇ドルまで値上がりすると、また下がるのではないかと心配になって売ってしまうのだ。何が正しいやり方なのかは分かってはいたのだが、実際にすることはいつもその反対だった。

臆病風が吹かないように毎回自らを律しようとしてもできないので、何かほかの方法を考えたほうがよさそうだった。そこで思いついたのが、上がり続ける株式は手放さないでいる一方で、価格の上昇と並行してストップロスオーダー（手仕舞いの逆指値）も移動させていく方法だった。あまり重要ではない押しでストップに引っかからない程度の価格差は保っておく必要があろう。しかし、本当に曲がり角にさしかかって株価が下落を始めたときには、すぐに売却する必要がある。こうすれば、市場の動きによって損をすることがあっても、それは稼いだ分のごく一部にとどまるだろう。

次に、利益を確定する時期を決めるには、どうしたらよいのだろうか。

天井で売るような芸当ができないことは分かっていた。いつも天井で売っているという人がいれば、それはウソをついているのだ。上昇中に売ったとしても、それは単なる想像上の天井にすぎない。わたしには株価がどこまで上がるのか知るよしもないからである。「マイ・フェア・レディ」の公演が二〇〇回を超えたところで終了すると推測するのと、その愚かさは変わらないだろう。三〇〇回あるいは四〇〇回で終わると推測するのは勝手である。どうしてこうした回数で終わらなかったのだろう。それは、毎晩劇場が満員になるのに公演を打ち切るほど、プロデューサーはバカではないからである。空席が目立つようになって初めて、プロデューサーは公演の打ち切りを考えるのだ。

わたしはいつも売却時期の問題をこのブロードウエーの公演の例と比べて考えた。上昇し続けている株を売ってしまうのは、バカげている。それなら、いつ売ったらよいのだろう。それはもちろん、ボックスが反転を始めるときだ。積み上げたものが崩れ落ち始めたときが公演の終了時期であり、それが株式の売り時なのだ。価格の上昇に合わせて引き上げてきたトレイリングストップ（株価の上下に合わせて断続的に指定価格を変える逆指値注文）が自然に問題を解決してくれるはずだ。

一連の決断をしたあと、わたしはくつろいで株式市場における目標をもう一度明確に決めることにした。

一．正しい銘柄の選定
二．正しいタイミングの判定
三．損は少なく
四．利益は大きく

使える武器を検討した。

一．価格と出来高
二．ボックス理論
三．買いは自動的なストップオーダー（仕掛けの逆指値注文）
四．売りはストップロスオーダー（手仕舞いの逆指値注文）

基本的な戦略としては、いつも次のことを実行しようと決心した。それは、株価が上昇トレンドにあるときは、その動きに沿ってストップロスオーダーという保険を掛けながら後追いして行くこと、そしてそのトレンドが持続する場合は買い増しをすることだ。トレンドが反転したらどうするのか。泥棒のように逃げ出すしかない。

思わぬ障害にぶつかることが多いのは覚悟した。投資をするかぎり、憶測に頼らざるを得ない状況は避けられないのである。二回に一回は成功するだろうという胸算用は楽観的かもしれない。しかし遅まきながら、わたしは自分の抱えている問題を以前よりはっきりと自覚した。株式には、冷静な、感情抜きの態度で接しなければならない。つまり、株価が上昇するときに愛情を抱くようになってはいけないし、下落したからといって腹を立ててはならない。この世に、良い株とか悪い株などというものは存在しないのだ。存在するのは価格が上がっている株式と値下がりしている株式だ。上昇している株は持ち続け、下落している株は売り払う。

これだけのことをするには、以前よりもはるかに難しいことをやり遂げなければならないだろうと覚悟した。恐怖、希望、貪欲などという感情を完全に抑制しなければならない。そのためには、相当の規律を確立しなければならないだろう。だがわたしは、部屋に明かりをともすことができるスイッチを探し当てるまで、もう少しのところまで来ていると感じていた。

第5章　世界を駆けめぐる電報
Cables Round the World

新しい方針を胸に秘めて投資を始めようとしたのとほぼ同時に、わたしはダンスで二年間世界を公演してまわる契約にサインした。たちまち、いろいろな問題を抱えることになった。例えば、地球の反対側にいながら、どのように投資活動を続けたらよいのかという問題である。ブローカーが電話でわたしをつかまえ損なった経験がすぐに生々しい思い出としてよみがえった。ニューヨークにいてさえこんな問題が起きるのに、何千キロも離れた場所では一体どのように対処したらよいのだろうか。ブローカーと話し合った末、電報でお互いに連絡を取り合うことにした。

もうひとつ、小道具を用意することにした。それは金融専門週刊紙のバロンズが発行され次第、航空便でわたしの手元に送られるように手配した。これで値上がりする可能性のある銘柄を知ることができる。同時に、わたしが持っている株式の価格を知らせる電報が毎日届くことになる。公演旅行で訪れるカシミールやネパールのような辺ぴな場所でも、電報は毎日順調に届いた。電報には、わたしが持っている株のウォール街での終値が書かれていた。

時間とお金の節約のために、ニューヨークのブローカーとの間で、特別にコードを定めておいた。電報には銘柄を示す文字があり、その文字のあとに一見意味のない数字が並んでいるだけだった。それは、およそ次のとおりだった。

「B　32 ½　L　57　U　89 ½　A　120 ¼　F　132 ¼」

数日もたたないうちに、この数字だけでは株価の動向をきちんと把握するには不十分なことが分かった。価格の動きの上限と下限を知らずにボックスを組み立てることはできない。ニューヨークに電話をかけて、ブローカーに終値のほかに毎日の株価の変動を付け加えてほしいと頼んだ。つまり、一日の高値と安値を知らせてくれということだ。その結果、電報はこんな内容になった。

「B 32½（34½～32⅜）L 57（58⅝～57）U 89½（91½～89）A 120¼（121½～120¼）F 132¼（134⅞～132¼）」

出来高まで頼まなかったのは、数字があまりに立て込んで読みづらくなるのを恐れたためである。いずれにせよ、わたしが選んだのは出来高の多い銘柄だし、もし商いが細ることがあっても、それはバロンズを読めば数日後には分かることだ。

わたしもブローカーも、どの銘柄のことを言っているのかお互いに分かっているので、頭文字だけを使うことにしていた。しかし、これは世界中に知られている通常の株式市場用の銘柄コードではないので、この文字と数字だけの奇妙な電報は、ほとんどどこへ行っても郵便局員を混乱させ、うるさがらせるようになった。最初に郵便局で電報を受け取る前に、中身がどんな内容なのか詳しく説明しなければならなかった。

彼らは明らかにわたしのことをスパイだと思っていた。絶えずこの疑惑にぶつかったが、とくに極東ではひどかった。おそらく最悪のケースは日本だった。日本の電電公社の職員はどこよりも疑い深かったが、これは公務員が戦前のスパイ恐怖症からまだ完全に抜け切れていなかったからだろう。京都、名古屋、大阪と、新しい都市に着くたびに、電電公社の職員は極めて疑い深い目でわたしを見た。

いつも長々と説明しなければならなかった。日本語がしゃべれないわたしにとって、これは時には非常に厄介な仕事だった。しかし奇妙なことに、電報の内容を正確に紙に書き、サインして渡すと、途端に職員は機嫌が良くなった。彼らは本当のことが書いてあるかどうかについては考えもしなかったようだ。しかし、わたしがサインした文書がないと、電報を打つことを拒んだ。

彼らの考え方を変えるのに長い時間が必要だった。ほとんどの大都市の電電公社でやっと名前が知られるようになったのは、日本に着いてから六カ月後のことだった。サインした文書がなくても、わたしの電報を喜んで受け取ってくれるようにすらなった。少々頭がおかしいようだが無害な白人が、訳の分からない金融関連の電報をやり取りしているという話が日本人の間で広まったのだ。

この世界公演の旅では、香港、イスタンブール、ラングーン、マニラ、シンガポール、ストックホルム、台湾、カルカッタ、日本と、そのほかにも多くの土地を訪れた。当然のことだが、電報を受け取ったり、打ったりするのに面倒なことがほかにもあった。

大きな問題のひとつは、旅行している間に電報を受け取り損なうことがないように注意しなければならないことであった。そこで移動中は、電報が二重にも三重にも打たれた。同じ内容の電報がウォール街から香港空港発パンナム航空第二便宛て、羽田空港の到着便宛て、東京のホテル宛てに打たれることも珍しくなかった。この手配のおかげで、飛行機のなかで受け取れなくても、着陸後直ちに受け取ることができた。

ラオスのビエンチャンでは、ウォール街との取引はとんでもなく難しかった。まず最初の問題は、この街にはそもそも電話というものがなかったことだった。唯一の国内電話はアメリカの軍事派遣団とアメリカ大使館を結ぶもので、もちろんわたしには使用させてもらえなかった。

電報を打ったり、受領したいときには、郵便局まで行くのに輪タクに乗らなければならないし、郵便局は一日八時間しか開いておらず、しかもいつもぴったり時間どおりに閉まった。

ビエンチャンとニューヨークの間には一二時間の時差があったので、ウォール街での取引開始から終了までの時間帯は、郵便局は閉まっていた。株式市場に関する重大ニュースが滞っているのではと心配するあまり、いつも緊張状態にあった。

ある日、郵便局に行くと、サイゴンから香港、そして香港からビエンチャンに転送された電報が待ち受けていた。この電報の到着遅れが何か不吉な結果を引き起こすのではという予感に震えながら開いてみた。しかし、幸いにもそれは直ちに行動を起こす必要のある内容ではなかった。

しかし、本当に厄介な目に遭ったのはラオスだけだった。ヒマラヤ山中のネパールの首都カトマンズでは、電報のサービスがなかったのだ。インド大使館のなかに電報を扱う事務所があるだけで、外界とのすべての電信はその事務所経由であった。

大使館員が一般人向けの私的な電報で煩わされるのは、自分たちの品位にかかわると思っているのは明らかだった。わたし宛ての電報が届いても、けっして配達してくれるようなことはないので、何かメッセージが届いていないか大使館にしょっちゅう電話をかけなければならなかった。ときには一〇回も電話をかけてからでなければ、電報を取りにこいと言ってくれないこともあった。そのうえ電報は手書きで、判読不能なこともしばしばだった。

わたしの売買の基本的手順は以下のとおりだった。バロンズは月曜日にボストンで発行され、よほど辺ぴな場所でないかぎり、例えばオーストラリアやインドでは通常木曜日にわたしの手元に届いた。もちろん、これはウォール街の動きに四日遅れで接するということだ。しかし、バロンズでわたしの理論に従って動いている株式を見ると、ブローカーに例えば次のような打電をして、月曜日から木曜日までの最新の株価を知らせるよう依頼した。

「クライスラー　コンシュウノ　ネハバト　オワリネ　タノム」

例えば、この銘柄が自分の目で見て、【六〇／六五】のボックス内にうまく収まっているようであれば、ニューヨークから四日分の相場が届くのを待って、引き続きこの動きが継続しているかどうかを確かめた。電報で届いた株価がまだボックス内にあれば、今後の動きに注目することにした。それから、一段と高いボックスに接近しつつあるかどうかを知るために、ブローカーに毎日の相場を連絡してほしいと頼んだ。もしその動きに満足であれば、ニューヨークに買いのストップオーダーを置くように打電した。注文は、特別な指示がないかぎりＧＴＣ（good-till-cancelled＝キャンセルするまで有効）ベースにしてほしいとブローカーにはあらかじめ依頼してあった。

買いの場合は、買ったあとでの値下がりに備えて、いつも自動的なストップロスオーダーとセットで注文を出した。典型的な電文は次のとおりだった。

「クライスラー　200カブ　カワレタシ　ストップ　67　ストップロス　65」

一方、もしバロンズで見つけた銘柄が、その後のブローカーからの返事で【六〇／六五】のボックスから外れたことが分かれば、忘れることにした。それから行動をとるのでは遅すぎたからだ。また次の機会を待てばよいのだ。

当然のことだが、売買は数銘柄に絞らざるを得なかった。その理由は純粋に金銭上の問題だった。相場の報告を依頼する電報代が一日に一二～一五ドル以上になれば、よほどの大儲けをしないかぎり勘定が合わなくなる。

最初のうちは非常に不安だった。過去ニューヨークにいたとき、そのことが特段役に立ったというわけではないが、電話でウォール街と交信できるということで、幻の安心感を味わっていたのだ。しばらくの間はこの安心感が恋しかった。その後、時間がたってだんだんと電報での取引の回数が増えるにつれて、その利点が見えるようになった。電話もなければ、混乱も、矛盾だらけのうわさ話もない——こうした要素が結びつき、より偏見にとらわれない考え方ができるようになった。

一時に扱えるのは五～八銘柄に限られたので、これらの銘柄を取り巻く何百という株式が錯綜する、ジャングルのように入り組んだ動きからおのずと遮断された。持ち株の株価以外、影響を受けるものは何もなかった。

人々が**こう言った**という話は聞こえてこなかったし、**こうした**という行為も見えなかった。ポーカーの勝負をしていて、賭け金がいくらという声は聞こえないが、すべてのカードが見えているようなものだった。

当時は気がつかなかったが、あとになって市場でもっと経験を積むようになってから、これがいかに貴重なことだったかがよく分かった。もちろん、ポーカーの相手は言葉でわたしを迷わせようとするし、自分のカードをわたしに見せることもない。しかし相手の言葉を聞かず、相手のカードに絶えず注意を払っていれば、相手が何をしようとしているのかは推測できる。

初めのうち、わたしはお金をつぎ込むことなく、つもり売買で投資の練習をした。しかし間もなく、実際の投資とつもり売買はまったく異なるものだと悟った。お金を賭けずにカードをしているようなものだった。老婦人の家に招かれてブリッジをしているのと同じくらい、面白みと刺激に欠けていた。

お金を賭けていなければ、つもり売買では何事も非常にたやすく思える。しかし、一万ドルをつぎ込んでみると事情は一変した。お金が絡まなければ感情の抑制はいともたやすいが、いったんある銘柄にお金をつぎ込むと、気迷いが頭をもたげた。

来る日も来る日も電報を受け取るようになるにつれて、わたしはこの新しい手法に次第に慣れてきて、だんだんと自信も膨らんできた。悩まされたことはただひとつだけだった。時として持ち株の一部が以前の値動きとはなんの関係もなく、説明のしようがない動きをすることだった。

非常に重要な発見をしたのは、ちょうどその理由を探し求めていたときだった。このとき、自分は独力でこの問題を解決しなければならないことを理解していた。本から学び取るものはもう何もない。だれも手引きはしてくれない。毎日の電報と週刊紙のバロンズ以外には、自分ひとりだった。電報とバロンズが、何千キロも離れたウォール街とわたしを結ぶきずなだった。説明が欲しくても、頼れるのはこの二つのきずなだけだった。

そんなわけで、バロンズに顔をうずめてむさぼり読んだ。ページがぼろぼろになるまで読んだ末、やっと見つけたことがあった。それは、「保有株の説明し難い動きは通常、マーケット全般が荒れ模様になったときと合致する」ということだった。手持ち株の相場しか知らされていなかったので、市場全体の影響が自分の株式にまで及ぶという可能性をすっかり見逃していた。これでは、戦場の一部しか見ないで、戦闘を指揮しようとしているのとなんら変わるところがない。

この発見はわたしにとって非常に重要だったので、すぐに行動を起こした。電報の最後にダウ平均の終値を付け加えるように、ブローカーに依頼した。これで、はっきりした市場動向の全体像がつかめると思った。

わたしが受け取る電報は次のようになった。

「B 32½(34½-32⅜) L 57(58⅝-57) U 89½(91½-89) A 120¼(121½-120¼) F 132¼(134⅞-132¼) 482・31」

この追加情報が加わった電報を初めて受け取ったとき、わたしは新しいおもちゃを買ってもらった子供のように喜んだ。完全に新しい打開策を発見したと考えたのだ。持ち株の値動きとダウ平均株価を関連づけようと努力した結果、平均株価が上がれば、わたしの株価も上がるという判断に至った。

その直後、これは正しくないということが分かった。市場を柔軟性に欠けるパターンに当てはめようとしたのは間違いだった。それはまったく至難の業だと思い知らされた。株はそのひとつひとつが異なった動きをする。機械的な行動様式というようなものはない。平均株価にしかるべき落ち着き場所を見つけるまでに、何度も間違いを重ねた。ダウ・ジョーンズ社が「平均株価」なるものを発表しているのを知ったのは、これよりも少し前のことだった。それは三〇銘柄を選んで、その毎日の動きを単純に反映させたものだ。これに影響される銘柄もあるが、それとて機械的にそのパターンを追いかけているわけではない。ダウ・ジョーンズ社はけっして占いを行う会社ではないことに気づいた。個別の銘柄が上がるのか、それとも下がるのかを教える会社ではないのだ。

次第に理解できるようになったのは、平均株価と個別銘柄の間に機械的な基準を当てはめることはできないということだ。両者の関係を判断するのは芸術によく似た仕事である。ある意味でそれは絵を描くようなものだ。画家はある原則に従いながらキャンバスに色を塗るが、どんな手順で塗るのかを説明するのは難しい。それと同様に、平均株価と個別の株価はある原理の範囲内では関係があるのだが、それを正確に測ることはできない。このとき以来、ダウ平均には注目するが、その目的はマーケット全般が強いか弱いかを判断するためだけに限ろうと決意した。これは、市場全体の周期がほとんどの株式に対して影響を与えていることを実感したためであった。弱気相場とか強気相場のような主要な周期は、通常たいていの株式に忍び寄って影響を与えるものだ。

自分の投資戦略構築の最終仕上げをする段階になって、以前に比べてずっと力量が上がってきたような感じがした。部屋を明るくする照明のスイッチのいくつかに触れ始めたような気持ちになった。目の前にある電報から、株式について自分の意見を組み立てることができるようになったことに気づいた。電報はわたしにとってエックス線と同様なものになりつつあった。初心者にレントゲン写真を見せてもなんのことか分からない。しかし、医者が見れば、そのレントゲン写真は知りたいことをすべて教えてくれる。医者は写真で見つけたことを病気の性質や治癒期間、患者の年齢などと結び付け、そこで初めて診断を下すのである。

電報を見つめながら、わたしもこれとよく似たことをした。まず目当ての株の価格をほかの株価と比べ合ったあと、ダウ平均と比較し、それからその株式の取引レンジを検討したうえで、買うか、売るか、持ち続けるかの評価をした。

この判断は、それ以上の分析をすることもなく自動的に行うことができた。その理由は自分でも十分には説明できなかったが、やがて、もはやアルファベットの文字を**一字一字骨折って読んでいる**のではなく、今や**読解している**のだと気づいた。教養のある大人のように、つまり、子供のように苦労しながら文字をつなぎ合わせるのではなく、本の一ページにちらっと目を通すだけで中身が理解でき、そこから素早く結論を引き出すことができるようになったのである。

同時に、次のような方法で、わたしは感情を抑制するための訓練をした。ある株を買ったときはいつも、買った理由を書きとめた。売ったときにも同じことをした。ひとつの取引が損で終わったときには、その原因を自分なりに考えてメモに残した。その後、同じ過ちを繰り返さないように気をつけた。次に示すのは、こうして書きとめたリストの一例である（**表5・1**）。

この間違い原因リストは、計り知れないほど役に立った。ひとつひとつ書き出しているうちに、個々の取引から何がしかのことを学んだ。株も人間と同様に、性格があることが分かりだした。株式はそれを売ったり、買ったりする人たちの性格を忠実に反映するものなので、これはそれほど理屈に合わない話ではない。

表5.1

	買い	売り	間違いの原因
アイランドクリーク・コール	46	43 1/2	買いのタイミングが遅すぎた
ジョイ・マニュファクチャリング	62	60 5/8	ストップロスがタイトすぎた
イースタン・ガス・アンド・フューエル	27 3/4	25 1/8	マーケット全体が弱含みだったのを見逃した
アルコア	118	116 1/2	下落局面で買った
クーパー・ベッセマー	55 3/8	54	タイミングが悪かった

人間と同じように、株の行動様式もそれぞれ異なっている。ある株式は、物静かで、動きがゆったりとしており、保守的である。また、落ち着きがなく、神経質で、緊張状態にある株がある。動きが予想しやすい株もある。その動きが首尾一貫していて、振る舞いが理屈にかなっている。まるで頼りになる友人のようだ。

そして、なかには手に負えない株もある。そんな株は、買うたびにやけどをさせられる。その行動はもうほとんど人間だと言ってもよいくらいだ。わたしを嫌っているようだ。こういう株を見ていると、こちらが友好的な態度を示そうとしているのに、何か侮辱されたように思って殴りかかってくる男を連想させる。こんな株から二回も平手打ちをくらったら、今後は一切手を出すのはやめようと思うだろう。相手の手を払いのけて、もっと扱いやすいほかの株を買ったほうがましだ。もちろん、これはわたしと異なる気質を持った人までもが、それらの株とうまくやれないと言っているわけではない。ある種の人たちとはうまくいくが、そのほかの人たちとはそれほどでもないことがよくあるものだ。

間違い原因リストで得た経験は、わたしが投資家として一人前になるうえで、最も重要な経験のひとつに数えられる。この経験は、本からでは得られないものだ。これは車を運転するようなものだ。運転を習う人はアクセルやハンドル、ブレーキの使い方を教わるが、それ以上は実際に自分で運転感覚を身につけなければならない。前の車に近づきすぎるとか、減速しなければならないのはどんな場合かなどの判断は、だれにも教わることはできない。経験を通じてしか学べないものなのだ。

世界中を飛び回り、電報でウォール街との売買をしているうちに、だんだんとわたしは自分が診断医にはなれても、けっして予言者にはなれないことが分かり始めた。ある銘柄を検討し、上り調子だと思ったとしても、その判断は「今のところは」とか、「この時間は」あるいは「今日までは」という、過去の値動きに関するものにすぎない。明日になっても風邪を引かないという保証はできない。どれだけ注意を払ったつもりでも、どんなに経験を積んだうえでも、予想は外れることが少なくなかった。しかし、もう予想が外れたことで腹を立てるようなことはなかった。結局、株の値動きを自分の思いどおりにすることなどできはしないのだ。

過ちを犯しても、不愉快になることはなかった。わたしが正しければ、それは非常に結構なことだ。間違ったとしたら――ただ売るだけだ。こうしたことは、何か自分から遠く離れたところでひとりでに起きることのようだった。もはや、株価が上昇しても誇らしく思うことなく、下落したからといって傷つくこともなかった。株に関しては「価値」という概念を使うべきではないと悟ったのはその時期だった。

もし株式の価値というものがあるとすれば、それは市場価格のことである。これは、完全に需給の関係だけで決まるものだ。五〇ドルの株式などというものはない。もし五〇ドルの株が四九ドルになったら、それは今や四九ドルの株だ。ウォール街から何千キロも離れたところで、わたしは保有する株から自分の感情を引き離すことに成功した。

わたしはまた、税金の問題に影響されないようにしようと決心した。長期のキャピタルゲインの恩典に浴するために、六カ月間、株式を保有する人が多い。だが、これは危険だと思った。税金という理由のために、値下がりしている株式を持ち続けていては、損をする恐れがある。

市場での取引では、まず正しいと思ったことをやろうと決心した。まず株式の動きが命じることに従い、税金はあとで心配すればよい。

この新たな姿勢を株も肯定するかのように、しばらくの間わたしの投資はうまくいった。自分が正しく、また冷静だと思ったときは大胆に買ったし、間違ったと思ったときは自尊心を傷つけられることもなく冷静に最小限に抑えた損を受け入れた。

クーパー・ベッセマーの取引は、わたしの最も成功したもののひとつだった。この株を買ったことは三回あり、いずれも二〇〇株ずつだった。初めの二回の取引は損で終わったが、三回目は相当の利益になった。この取引の全容は次ページのとおりである（**表5・2**）。

その他、ドレッサー・インダストリーズやレイノルズ・メタルズのようないくつかの銘柄でも同様にうまくいき、満足のいく利益を上げることができた。

しかしその後、一九五七年の夏、シンガポールにいたとき、思いがけない出来事が次々と起きたので非常に仰天した。

ボルティモア・アンド・オハイオ鉄道株を買ったのは五六¾ドルだった。わたしには、この価格は［**五六／六一**］のボックス内にあって、さらに値上がりするように思えた。だが、

表5.2

1956年11月	買い	46ドル	（9276.00ドル）
	売り	45 1/8ドル	（8941.09ドル）
	損失	**334.91ドル**	
1956年12月	買い	55 3/8ドル	（1万1156.08ドル）
	売り	54ドル	（1万0710.38ドル）
	損失	**445.70ドル**	
1957年1〜4月	買い	57ドル	（1万1481.40ドル）
	売り	70 3/4ドル	（1万4056.95ドル）
	利益	**2575.55ドル**	

下落を始めたので五五ドルで売却した。

その後、ドーベックマンを試してみた。この株式は【四四／四九】のボックス内にあると判断したので、四五ドルで買った。ところが下がり始めたので四一ドルで売った。

デイストロームを四四ドルで買ったのは、【四五／五〇】のボックスに上昇していくとにらんだからだが、これも四二¾ドルで売った。

フォスター・ホイーラーは六一¾ドルで買った。【六〇／八〇】のボックスにあると見たからだ。しかしずるずると下げていき、ボックスを外れて五九½ドルになったときに売った。

最後は、エアロクイップだった。これは二三¼ドルから二七⅝ドルの間で数回に分けて買った。三〇ドルまで上がるのを見届け、さらに【三一／三五】

のボックスにまで上昇するのを待っていたが、そうはならなかった。エアロクイップは二七½ドルで手放した。

一九五七年八月二六日、とうとうわたしのポートフォリオには一銘柄も残っていないのに気づいた。ストップロスオーダーを置いていたので、自動的にすべての株が売られてしまったのだ。この二カ月の間に、わたしの持っていた株式はひとつ残らずゆっくりと方向転換し、次から次へとボックスの下限から脱落していった。なかにはストップロス価格から½ポイントしか差がないものもあったが、ひとつずつ売られていった。

こんな事態になったことは不満であったが、打つ手はなかった。自説に従えば、じっと座って気長に待つよりほかなかった。そのうちに、手放した株、あるいはその他の注目している株の一つや二つは新たに高値のボックスに向けて上昇することもあるだろう。

株価が下落を続けるなか、わたしは傍観者として一ドルも投資しない状態で、熱心に、また心配しながらマーケットを見守った。

しかし、一向にチャンスが訪れる気配はなかった。わたしは知らなかったのだが、これは大規模な強気相場の終わりだった。それが明らかになったのは数カ月後のことで、弱気相場入りが宣言された。この事態について、ウォール街のアナリストたちの見解は一致していなかった。アナリストによっては、これは単なる中間的な反落、つまり上昇相場の一時的停滞と見ていた。しかし、これが価格崩壊だという点では全員の意見が一致していた。もちろん、こうしたすべての意見は後知恵にすぎず、あまりに遅すぎた。市場から手を引いたほうがよいという警告は、それが必要なときには聞こえてこないのである。

ヒトラーがスターリングラード侵攻を決意した話を思い出した。

彼にとってスターリングラードは征服し、占領すべきロシアの一都市にすぎなかった。スターリングラードの攻防戦の最中に、これがまさに大戦の転換点だと見抜いた人はだれもいなかった。相当長い時間がたったあとでも、これに気づいた人は少なかった。

ドイツ軍が中途半端な撤退をしたときも、これは戦略的後退だと言われていた。しかし、実体はヒトラー時代の終焉だった。ナチの戦いという強気相場は、ヒトラーがスターリングラードを攻撃したその日に終わっていたのだ。

これと同じように、市場における歴史的な大転換を、それが起きようとしている時期に感知するなどということが自分にできるわけはないと思った。ウォール街の価格が続落することで、そうした予知能力などなくとも、ストップロスオーダーで早めに避難するというわたしの戦略が功を奏したことは何と素晴らしいことだろう。

自分の戦略が予想していたよりもはるかに有効だと知って、喜びがこみ上げた。悪い時期が来る前に、知らない間にわたしを救ってくれていたのである。マーケットが転換したとき、わたしはすでに脱出していたのだ。

わたしにとって最も重要なことは、相場が下落するかもしれないという手掛かりを、まったく何ひとつ持っていなかったことだ。情報が手に入るわけがない。なにしろ、はるか遠くの地にいたのだ。予想を聞くこともなく、ファンダメンタルズを研究することもなく、うわさが耳に入ることもなかった。わたしは単に株式の動きに基づいて避難したのだ。あとになって、機械的に手放した株を調べてみて、そのあとの不況期になって、本当にどれほどの安値まで落ち込んだのかが分かった。次ページの表を参照してほしい（**表5・3**）。

このように書き出してみて思った。もしもストップロスオーダーによって市場から距離を置いていなければ、投資額の五〇％を失っていただろう。持ち株と一緒に檻の中に閉じ込められ、資産を増やす機会を奪われていたことだろう。唯一そこから逃れる方法は、五〇％の損を被って市場から撤退することで、そうなれば落ちぶれて、今後取引する自信をすっかり失う羽目に陥ったかもしれない。

表5.3

	1957年 売却価格	1958年 最安値	1958年 最高値
ボルティモア・アンド・オハイオ	55	22 5/8	45 1/4
デイストローム	42 3/4	30	39 3/4
フォスター・ホイーラー	59 1/2	25 1/8	39 1/8
エアロクイップ	27 1/2	25 1/8	39 1/8
アライド・コントロール	48 1/4	33 1/2	46 1/2
ドレッサー・インダストリーズ	54 1/2	33	46 5/8
ジョイ・マニュファクチャリング	68	38	54 1/2
アレゲニー・ラドラム	56 1/2	30 1/8	49 3/8

もちろん下落した株を買って、「塩漬け」にすることもできただろう。これが保守的投資家と自称する人が取る典型的な解決策である。しかし、わたしはそのときすでに、こういう人たちをギャンブラーだとみなしていた。株価が下落しているときでさえも、持ち株を抱え込んでいる人をギャンブラーと呼ばずに、何と呼べばよいのだろうか。ギャンブラーでなければ、持ち株が値下がりすれば手放すだろう。手放さないのは、ギャンブラーはそのうちにツキが巡って幸運のカードを引き当てるだろうという望みを永遠に捨て切れないからだ。

一九二九年にニューヨーク・セントラルの株式に二五〇ドル支払った人の話を思い出した。もしこの株式を現在まで持っていたとすれば、その価値は二七ドルだ。しかしギャンブラーと言われれば、彼らは憤然とするだろう！

ギャンブルをしなくてよかったと思っていた矢先の一九五七年九月の第一週、月次の売買計算書を受け取ったので、その明細をチェックした。ジョーンズ・アンド・ラフリンで被った損失を取り戻したので、最初の元手である三万七〇〇〇ドルはほとんど減っていないことが分かった。そこそこ成功した取引が多かったが、手数料と税金が重くのしかかっていた。

さらに計算書を詳しく調べたところ、巨大な強気相場を経たわたしは、多くの経験とさまざまな知識を得て、さらに今まで以上に自信を深め……そして八八九ドルの純損失がまだ残っていたことを確認した。

第4部

テクノ・ファンダメンタリスト

The Techno-Fundamentalist

第6章 弱気相場は強気相場の始まり

During the Baby-Bear Market

持ち株が一株もない状態が数週間続いたあと、マーケットの状態をもっと詳しく診断医の目で観察することにした。はっきりと理解できるように、二つの相場状況を比較してみた。

強気相場については、さんさんと太陽の光が降り注ぐ夏のキャンプ場に力をみなぎらせたスポーツ選手が大勢集まっている光景を思い浮かべた。しかし、そのなかにもほかの株に比べてより力強さを秘めた株があることを忘れてはならない。弱気相場はと言えば、夏のキャンプ場の場面は一転して病院に変わってしまう。ほとんどの株は病気である。だが、そのなかにもほかのものよりも病状がもっと重い株がある。

相場が暴落したとき、ほとんどすべての株が傷ついたり、骨折したりしていた。この時点では、株の病状がどれほど重いのか、またその病気はいつまで続くのかを判断することが重要になる。

ある銘柄が一〇〇ドルから四〇ドルに下落したとしたら、再び同じ高値にはい上がるまでには相当長い時間がかかると見て間違いないだろう。足にひどいけがを負った陸上選手が以前と同じように走ったり飛んだりするようになるまでに、長い回復期間が必要なのと同じである。

こうなると、どんな株を買ってみても、また、それにどんなに声援を送ってみても、一銭の儲けにもならないことは疑う余地もない。ジョーンズ・アンド・ラフリンの経験でそのことを思い知らされた。自分が株価を押し上げるためには何でもしようという気持ちになったことを思い出した。それは人間としては当然の感情かもしれないが、そんなことをしても相場に対して何の影響も及ぼさないことは、観客の声援が競馬のレース結果に影響を及ぼすことがないのと同じである。たとえ何千という観客がほかの馬を声援しようと、勝つべき馬は勝つのである。

まさにそうした状況であった。ある銘柄を買って、その選択が間違っていたときに、ありとあらゆる声援を送ってみたところで〇・五ポイントすら株価を上げることはできない。それにどこまで相場が下がっていくのか知る手立てもない。下降トレンドを憎み、それに反抗してみても仕方がない。

こんな状況下で、ジョージ・バーナード・ショーが彼の書いたある戯曲の舞台の初日に言った言葉を思い出した。幕が下りたあと、すべての観客が喝采を送ったのに、ひとりだけブーイングを飛ばす男がいた。バーナード・ショーはその男のところへ行って尋ねた。

「わたしの芝居が気に入らなかったのかね」

「ええ。気に入りませんでした」と男は答えた。

「わたしもそうだ。だが、われわれ二人がこれだけの観客全員に反対したところで何になるのかね」。これがバーナード・ショーの言葉だった。

そこで、わたしもすべての現実をありのまま受け入れることにした。わたしは傍観者の立場にとどまり、もっと良い時期が来るのを待った。

わたしはかたくななまでに取引をしなかった。その態度があまりに強硬だったので、ブローカーが手紙を送ってきて理由を尋ねてきたほどだった。

その後は、準備運動をしているレース前のランナーのように振る舞った。何週間もまったく株を持たないで、また相場が終始続落するなかで、わたしはバロンズの株価表をずっと見ていた。値下がりに抵抗する銘柄を見つけようとした。もし流れに逆らって泳げる銘柄があれば、潮流が変わったときにはそれが最も先頭を切って泳いでいるにちがいないと思ったからだ。

しばらくして、初期の暴落の波が次第に収まって、やっと機会が巡ってきた。いくつかの銘柄が下落傾向に逆らいだしたのだ。こうした銘柄も価格は依然として下落していたのだが、多くの銘柄が市場全体の地合いに従っていとも簡単に下落しているのに対し、いやいやながら下落しているようだった。わたしにはその不本意ながら下落しているのを感じることができた。

つぶさに調べてみると、このなかの大半の銘柄は収益が急速に上昇傾向を示している会社のものであることが分かった。結論は明らかだった。マーケットが良くないにもかかわらず、資金はこういう株式に流れ込んでいる。犬が臭いを追跡するように、資金は収益の改善を追い求めている。わたしはこの発見によって、まったく新しい観点からものが見えるようになった。

株式は収益力という主人に仕える奴隷だというのは事実だと思った。したがって、どんな銘柄でもその動きの背後には無数の理由があるだろうが、注目するのはただ一点だけに絞ろうと決心した。それは収益力の改善、あるいはその見込みがあるかどうかということだった。そのためにはテクニカルな分析とファンダメンタル分析のそれぞれの手法を結合する必要があると考えた。銘柄の選択は市場におけるテクニカルな動きに基づくが、その銘柄を買うのはファンダメンタルな理由を根拠にして収益性の改善が認められる場合に限ることにしようと考えた。

これが、わたしがテクノ・ファンダメンタリスト理論に到達するに至った経緯であり、この理論は今でも使用している。

実際にこの理論を使用するに当たり、わたしは二〇年の期間で物事を判断するようにした。これはある株を二〇年間持つという意味ではない。これほどわたしの意図に反することはない。わたしが注目するのは未来との結びつきが強い株式であり、革命的な新商品を持っているために将来は収益性の飛躍的改善が期待できる企業の株式である。電子、ミサイル、ロケット燃料など、特定の産業がそうだということはすぐ分かる。これらの産業は今は幼児期だがやがて急速に成長し、何か予期しないことが起きないかぎり、その成長はすぐにマーケットに反映されるようになる。

株式市場の歴史を調べたところ、将来性のある株に共通する基本的原理はウォール街では常に効力を発揮していた。自動車が世に出る以前の時代、頭の良い相場師が鉄道に肩入れしていたのは、鉄道がやがてほろ馬車や駅馬車に取って代わることを知っていたからだ。一世代ほどののち、抜け目のない投資家は鉄道から手を引いて、自動車に鞍替えした。ゼネラルモーターズやクライスラーなど進取の気性に富んだ成長途上にあった企業も、当時はまだ比較的小規模だった。この時代にこれらの企業の株主になり、成長時期を通じて保有を続けた人たちは大儲けした。この種の株式は現在では安定期を迎えている。先を読む投機家向きではない。

こういう考え方は今でも通用する。一般的に言って、将来の力強い発展が確実視されている企業の株は、その他と比較して高いパフォーマンスを示すはずだ。時代に呼応した健全な株は、二〇年後には二〇倍に値上がりしているかもしれない。

この種の株は女性の服装と同じように一定の流行があり、成功するつもりならば流行の先端を行く株を探し出すことが重要である。

女性のファッションは変わりやすいが、株の流行も変わりやすい。女性の場合、ほぼ二～三年の周期でスカートの丈が三～五センチ上下する。

株でも同じことが起きる。流行が持続している間、先を見る投資家はその流れをとらえて、その流れに乗っている。そのうち流行が次第に衰えていくと、投資家もそこから抜け出す。彼らは新しいスタイルの株式にお金をつぎ込み始める。この流行の変化を一生懸命監視しなければならない。さもないと、新しい銘柄がひざまであらわにしているのに、自分はロングスカートをはいた株を持ったままということになりかねない。また、よほど気をつけていないと、胸の大きな女性がもてはやされる新しいセンセーショナルな時代の到来に気づかないかもしれない。

これは、一見するとそう見えるかもしれないが、それほど非現実的な考えではない。空飛ぶ自動車という、夢のような製品を例にとってみよう。だれもがそのメーカーの株に殺到するだろう。けれども、オレゴン州の馬小屋を改造した仕事場で二人の男が空飛ぶ自動車をはるかにしのぐ発明に取り組んでいるとしたら、どうなるだろうか。

ひとたびこういう新発明を市場に出す準備が整い、それを取り扱う会社が設立されると、従来の空飛ぶ自動車はこれに取って代わられる。その株は下落し始める。やがてその商品は流行遅れになってしまう。

これは非常に簡略化した話だが、これだけでは問題の解決にはならない。どのようにすれば今年流行する銘柄を買えるのか。わたしのやり方はただマーケットに現れる兆候を注意深く監視するだけだ。ファッションがロングスカートからほかに移り始めたら、これから流行を担おうとするほかの銘柄がこれに取って代わろうと手ぐすねを引いているにちがいない。注意しなければならないのは、人々の未来に対する想像力をかき立てることによって値上がりしそうな株を見つけることだ。

この考え方に基づき、ジェット機時代にふさわしい発展を続けるという共通項でくれる銘柄を見つけるために、わたしは株式市場での価格の動きに注目した。ロケット用の金属であろうが、固形燃料や先端的な電子機器であろうが、企業の個々の製品には関心がなかった。実際、わたしは企業が何を製造しているのか知りたいとも思わなかった。そういう情報はかえって判断の妨げになると考えたからだ。その会社の会長に美人の奥さんがいるという事実にわたしの判断が影響されないのと同じように、製品が何であろうが構わなかった。しかし、わたしが本当に知りたかったのは、この会社が新しい、活気のある幼児期を迎えた産業の一員かどうか、そして市場ではその株がわたしの要求に沿った動きをしているかどうかだった。

もちろん、これは多くの保守的な立場の金融関連記事の執筆者のアドバイスとはまったく反対の手法である。彼らは何世代もの間、賢明な投資をするためには企業の決算報告書や貸借対照表を研究し、株価の背景についてできるかぎりの情報を探り出さなければならないという考えを、投資家に吹き込んできた。

この方法はわたし向きではなかった。決算報告書や貸借対照表が伝えるのは過去と現在のことだけだ。未来のことは分からない。そのためにわたしは自分なりのやり方を考案しなければならなかった。これはわたしだけに通用する手法であることを謙虚に認めよう。わたしの求めているのはキャピタルゲインである。配当が必要な母子家庭では異なった考え方をすべきだろう。

世界中を飛び回りながら、わたしは将来性から考えて成層圏まで跳ね上がりそうな株を絶えず物色していた。これはいわゆる高値圏取引と呼ぶ手法の準備段階だった。新高値を付けそうな銘柄を探し、それが発射台に乗せられて打ち上げ準備が整えられるのを、精神を集中して観察した。こういう銘柄の株価は以前よりも高くなっているだろうし、特に初心者の目には高すぎて手が出ないだろう。しかし、その株価はさらに高騰する可能性がある。高く買って、それをもっと高く売ろうと思った。苦労して得た訓練成果を発揮して、高額な割にはお買い得な、動きの速い株を探そうと一生懸命だった。最初にマーケットが好転する兆しが見えた時点で、こういう株が値上がりするのは間違いないと思ったので、絶えず気を配っていた。

この範疇にあると思ったおよそ一〇銘柄を注意深くモニターし、毎週その株価を調べ、その動きを分析して堅調な兆しを探した。

価格動向を綿密に観察するとともに、少しでも異常な動きはないか、注視していた。出来高の重要性も忘れていなかった。

わたしは値嵩株に対する投資の準備もした。これは、ブローカーへの手数料が理由だ。手数料率を調べてみると、一万ドルを投資するのに、一〇ドルの株を買うよりも、一〇〇ドルの株を買ったほうが安上がりだと気づいたのだ。その理由はこうだ。一銘柄に一万ドル投資しようと思ったとする。その場合の株の買い方にはいくつかの方法があり、例えば次のとおりである。

- 一〇ドルの株を一〇〇〇株買う
- 二〇ドルの株を五〇〇株買う
- 一〇〇ドルの株を一〇〇株買う

ニューヨーク証券取引所の手数料率は**表6・1**のようになっている。

表6.1

株価（ドル）	100株当たりの手数料（ドル）
1	6
5	10
10	15
20	25
40	35
50	40
100	45

一万ドル投資しようとすると、その手数料は以下のようになる（買いと売りの合計）。

- 一〇ドルの株　三〇〇ドル
- 二〇ドルの株　二五〇ドル
- 一〇〇ドルの株　九〇ドル

もし買いのタイミングが良ければ、ブローカーへの手数料は問題にはならない。利益から差し引けばよい。しかし、タイミングが間違って、ストップアウト（逆指値に引っかかって損切りが執行されること）になると、別の話になってくる。このときは、売りと買いの両方の手数料に損失を足さなければならない。そこでお分かりのとおり、値嵩株を買っておけば、過ちを犯した場合でも被害は少なくて済む。

依然として相場は下落していたが、永遠に下がり続けるわけではない。遅かれ早かれ株価は上昇に転じる。過去はいつもそうだった。弱気相場のあとには、必ず強気相場がやってきた。最初の兆しを見つけるには熟練した技術が必要で、その兆しが確実なものと分かれば、ほかの人たちが気づいて株価が高騰する前に買わなければならない。

わたしはワーテルローの戦いのことを思い出した。この有名な戦いのときに、ロスチャイルドのある代理人は勝利が確実になるやいなやロンドンに向けて出発し、ロスチャイルドにその旨を報告した。ロスチャイルドは、他人がこのニュースを聞く前にあらゆるイギリス政府の債券を買い込んだ。もちろん、ほかの人たちが買い始めると、価格が高騰し、ロスチャイルドは売って大儲けした。今日のウォール街でも原理は同じである。通信の速度は昔よりはるかに速くなっているが、するべきことは変わらない。つまり他人よりも早く行動することである。

これが、五年かけて自分を鍛えた末に到達した地点だった。非常に多くのことを学んだ。カナダ株の時代には、ギャンブルをしてはならないことを教わった。ファンダメンタリストの時代には、業界やその収益の動向を学んだ。テクニカルな分析に傾倒した時代には、価格の動きをどう解釈するか、個々の株式がテクニカルな面でどんな局面にあるのかを勉強した。そして、断片的に学んだことをつなぎ合わせることができた今、わたしの力量は確実に上がっていた。それは、複雑なジグソーパズルを解いて、最後にすべての断片が見事に収まったときのようだった。この方法が将来確実にわたしを成功に導いてくれると確信した。わたしはゆったりとした気分で、自信に満ちてマーケットの潮流が変わるのを待った。

その数カ月後、待ち構えていたことが始まった。バロンズを読んでいて、平均株価はこの五～六カ月間と同様になおも下落していたが、冬の日にサクラソウのつぼみがひっそりと膨らみだすように、芽を出し始めた株がいくつかあるのに気づいた。この弱々しい新芽が生き延びるか、あるいは霜で死に絶えるのかはまだ予断を許さない状態だった。しかし、この緩やかな目覚めに気づいたとき、この弱気相場が、少なくともある株式については、終わりに近づいたことを悟った。

しかし、うすうすと感じていたことがひとつあった。それはマーケットの以前の主導株は、おそらく二度と主導株になることはないだろうということだった。過去の銘柄はすでにその役割を果たし終えたので、投資家に大金を稼がせた、かつてのあのまばゆいばかりの高値に達することは、少なくとも当分の間はないと思った。

新しい主導株を見つけなければならなかった。この考えはのちに正しいことが実証された。というのもこの期間、マーケットのその他の銘柄のなかに隠れて表面上それほど人の興味を引かなかった株があったからだ。一九五七年一一月当時、わたしもそんな株には興味がなかった。ほとんど名前を聞いたこともなかった。それは次のような株だ。

ユニバーサル・プロダクツ　株価二〇ドル
チオコール・ケミカル　株価六四ドル
テキサス・インスツルメンツ　株価二三ドル
ゼニスラジオ　株価一一六ドル
フェアチャイルド・カメラ　株価一九ドル

これらの株は死んではいなかった。胎児のように将来を夢見ながら眠っていたのだ。もうすぐ目を覚ますように運命づけられている。マーケットで新しい主導株の地位に飛び立っていくのだ。これらがその後、わたしに二〇〇万ドルを儲けさせてくれたのである。

The Theory Starts to Work

ウォール街の株式の大半が当てどもなくさまよい下落している間にも、ダンス公演で世界を回るわたしの旅は続いた。一九五七年一一月、サイゴンの「アルカンシエル」に出演中に、バロンズで今まで名前を聞いたこともないロリラードという株に目がとまった。

当時は知らなかったのだが、この会社はあるブランドのフィルター付きたばこを生産していた。折しもアメリカ全土でフィルター付きたばこが大流行し始めたころで、同社の生産量は天文学的に増えていた。遠くサイゴンの地にあって分かったことは、マーケットが下落を続ける泥沼のなかで、灯台にともる火のようにロリラードが現れた。市場の状況が芳しくないにもかかわらず、その株価は一七ドルから、やがて一〇月第一週には〔二四／二七〕の狭いボックスを作っていた。この第一週の出来高は一二万六七〇〇株で、同年年初の平均の出来高が一万株であったのと比べて、その激増ぶりがひときわ目立った。

株価と出来高が着実に上昇していたので、わたしはこの銘柄に非常に大きな関心を持った。同社の「ケント」と「オールドゴールド」というたばこが世間に広く普及していることを知って、ファンダメンタルズのうえでも申し分ないと思った。株価が二七ドルを超す兆候を見せれば買おうと決心した。

ブローカーに毎日の相場付きを教えてほしいと打電した。この相場の動向から、マーケット全体の状況にもかかわらず、ある種の賢明な投資家たちがこの株を買っていることがすぐにはっきりとしてきた。ロリラードがやがてウォール街の歴史を作ることになるとは、そして金融界の人たちが仰天し、息をのんで見ているうちに比較的短期間で驚くほどの高値にまで跳ね上がっていくとは、その当時はほとんどだれも考えもしなかった。弱気相場の深みにはまり、市場の雰囲気はかなり陰うつだった。しかし、全般的な悲観主義にひるむこともなく、ロリラードは小さな鳥かごのなかで楽しげに上へ下へと飛び跳ねていた。

一九五七年一一月半ば、ロリラードはさらに独自の動きを強め、わたしの予想では〔二七／三二〕とみられるボックスに向けて上昇していった。一般的には弱含みの市場のなかで、ほかの株式とはかけ離れたこの力強さにわたしはひどく感動した。これで力強さは十分に証明されたと思ったので、弱気相場ではあったが、強気に出ることにした。バンコクから電報を打った。

「ロリラード　200カブ　カワレタシ　ストップ　27½　ストップロス　26」

すでに述べたように、テクニカルな分析とファンダメンタル分析を融合させた考え方に基づいて下したこの決断には十分自信を持っていたが、わが身を守る大事な武器――つまりストップロスオーダー（逆指値の損切り注文）――を放棄しようとは一瞬たりとも考えなかった。どんなに立派な家を建てようが、火災保険をかけずに済まそうとは思わないだろう。

数日のうちに、二七½で二〇〇株を買ったという確認の電報を受け取った。この買いに非常に満足し、大きな価格上昇に備える気構えをした。

株価が動いたが、それはわたしが思っていた動きとは異なっていた。最初に味わったのは落胆だった。一一月二六日火曜日、株価はちょうどわたしが指定したストップロスの二六ドルまで下がったので、この株を手放してしまうことになった。踏んだり蹴ったりだったのは、わたしがストップアウトになった直後に株価が上昇を始め、二六¾ドルで引けたことだった。

しかし反落はごく短時間で終わり、その後の上昇は非常にしっかりしたものだったので、また買い直すことにした。同じ週のうちに二八$\frac{3}{4}$ドルで買い直した。再びストップロスを二六ドルに置いた。

だが今回のロリラードの動きは完璧だった。数日たっても、株価がストップロスに近づくことはなかったので満足した。これでわたしの判断が正しいこと、そしてわたしの投資理論がこの株式に使えることが明らかになった。

幸いなことにわたしが正しかった。一九五七年一二月、ロリラードは三〇ドルを超えて、新たに**［三二／三五］**のボックスを作った。過去にも同じような株価の動きを経験したので、さらに上昇するための力を蓄えているのだと思った。これは間違いのない株だと思った。今や問題はタイミングを誤らずに、さらにお金をつぎ込むことだった。

毎日の株価を注意して見守った。ボクサーがパンチを狙って相手のすきをうかがうように、タイミングを見計らった。一月末にかけて、一度ダマシの動きをしたあとで、ずっと待ち続けていた大幅な価格上昇がついに実現した。ロリラードは明らかにボックスから抜け出した。

今が絶好のタイミングだと思った。テクニカルな動き、ファンダメンタルズ、株価パターンなど、すべてが勇気づけられる状態にあった。また、ニューヨーク証券取引所は委託証拠金率を七〇%から五〇%に引き下げた。これは、わたしの限りのある資本が今やさらに購買力を持つようになったという意味だ。一〇〇〇ドルで二〇〇〇ドル分の株が買えることになる。当時、わたしはほかの銘柄にも目をつけており、資金が必要だったので、これには助けられた。

そのころバンコクから飛行機で日本に飛んだ。持ち株を増やすべく、さらに四〇〇株の買い増しを打電したのは日本からだった。この四〇〇株の買値は、三五ドルと三六½ドルだった。

その後の数週間、ロリラードの動きは模範的なものだった。わたしは自分の理論の正しさが実際に証明されつつあるのを見て感激した。ダンスをしながら世界中を旅して回っている間に、ロリラードもボックス内で堅実に踊っていた。少しの期間、ボックス内で踊っていたかと思うと、文句のつけようがない、予想どおりの動きをして、もうひとつ上のボックスに移動していった。ロリラードのボックスは見事に築き上げられたピラミッドのようにひとつずつ積み重なっていった。わたしはその動きを魅せられたように眺めていた。これほど完全な動きを見せる株式に、これまでお目にかかったことがなかった。ロリラードは、まるでわたしの投資理論がこの株を基礎に組み立てられたかのように動いていた。

一九五八年二月一七日、ロリラードは四四 $3/8$ ドルまで跳ね上がった。わたしは自分自身にも、この株式にも満足していたが、その二日後、東京で一通の電報を受け取って仰天した。たった一日のうちに、この株価が三六 $3/4$ ドルの安値を付け、終値が三七 $3/4$ ドルになったというのだ。

わたしは途方に暮れた。まったく予想外の出来事で、この値下がりをどう解釈すればよいのか分からなかった。直ちにニューヨークに電報を打って、ストップロスを三六ドルに引き上げた。これはその日の終値から二ポイント安にも満たないわずかな価格差だった。もしそこまで株価が下がればストップアウトになるが、それでも最初の買い付け分で相当の利益が得られるはずだった。

東京にいたために、その日の値下げの材料となったウォール街のうわさを知る手だてはなかった。わたしの知っていたことは、ただ株が好ましくない動きをしたことだけだった。あとになって、フィルターには宣伝されているほどの肺ガン予防効果はないという報告書が出されたこと、そしてこの話が大勢の人の狼狽売りを誘ったことを知った。

幸いにも値下げは短期的なもので、ストップロスには引っかからずに済んだ。この結果、わたしはこの株式の力強さに対する確信を強め、追加で四〇〇株を買うことに決めた。買値は三八 5/8ドルだった。

買ったのとほぼ同時に値上がりした。株価は三九 3/4ドルから四〇 1/4ドル、そして四二ドルへと続伸した。

わたしは非常に満足だった。この素晴らしい新たな展開のお膳立ての関係者になったような気分だった。すべてわたしが計画したことのように思えた。

ブローカーから著名な投資顧問会社の発行する週刊レポートを三週分受け取ったのはこの時期だった。この会社は二週連続で、読者にロリラードの空売りを強く勧めていた。三週目には次のような記事を掲載していた。

「わが社のロリラード空売り推奨後、同相場は先週明らかに、四四ドル近辺でディストリビューション（売り抜け）に遭った」

このレポート記事には驚いたが、ずっと以前からわたしは投資顧問サービス全般にひどい幻滅を感じていたので、気にもとめなかった。

その代わり、株式市場のことを話題にするアメリカの旅行者には漏れなくロリラードを勧めるようになった。わたしは心底少しでも人の手助けになればと考えた。わたしの熱意のほどは、ある日のバンコクのエラワンホテルでの出来事でよく分かってもらえるだろう。ある昼食会の席上で、わたしはアメリカで最大級の船会社の社長を紹介された。会話を交わしているうちに、その社長は自分の持ち株の合計は三〇〇万ドルになると語った。その内訳は次のとおりだった。

スタンダード・オイル（ニュージャージー）　時価二五〇万ドル
ロリラード　時価五〇万ドル

「これをどう思うかね」と彼は尋ねた。わたしがどう思うかだって？　この質問に答えるのに、わたし以上にふさわしい人間がいるだろうか？

わたしはすぐさま、持ち株のうちスタンダード・オイルはすべて処分して、そのお金をロリラード株に振り向けるべきだと答えた。わたしならそうしただろう。一年後、ニューヨークのあるパーティーの席でその社長に再会した。その時点でロリラードは八〇ドルを超えていた。

「株式市場について、何か最新のアドバイスがあるかね？」と彼は尋ねた。

「アドバイスですって？　バンコクでアドバイスを差し上げましたが、あれは三〇〇万ドルの価値があったはずです。あれでもまだ足りませんか？」とわたしは驚いて言った。

「いや、それだけの価値はあっただろうね。君に言われたとおりにしていたら、の話だがね」と彼は言った。

一九五八年三月の第三週、ロリラードはそれまで以上に顕著な上昇の動きを見せた。一週間で価格は四1/8ポイント跳ね上がり、出来高は驚異的な三一万六六〇〇株に達して、紛れもなく【五〇／五四】のボックス内に入った。

四月第二週にロリラードはこの新しいボックスから抜け出した。新高値となる五五1/4ドルにまで達したが、すぐに値を下げて元の【五〇／五四】ボックスに逆戻りしてしまった。新たな買い増しをするつもりはなかったので、この動きにそれほど慌てることはなかった。しかし、用心のためにストップロスを四九ドルまで引き上げた。

一瞬迷ってもう少しで売るところだったが、思いとどまった。このときまでには忍耐力を鍛えていたし、いちばん初めに買った株では一株当たり二〇ドルの利が乗っていたので、早まって利食いをしないように静観することに決めた。

表 7.1

買い付け単価(ドル)	株数	買い付けコスト(ドル)
28 3/4	200	5808.76
35	200	7065.00
36 1/2	200	7366.50
38 5/8	400	1万5587.24
合計	**1000**	**3万5827.50**

ロリラードの買い付けコストは上記のとおりだった（表7・1）。

最後の三回の取引での委託証拠金率は五〇％が適用された。このおかげで、資金の残りをほかの投資に振り向けることができたが、その使途はダイナースクラブという銘柄だった。最初にその株式に興味を持ったのはその年が改まったころで、当時わたしはまだ一生懸命にロリラードと取り組んでいた。

ダイナースクラブは一対二の株式分割を行ったところで、一九五八年一月の第一週の週間出来高は二万三四〇〇株にまで膨れ上がった。この株にしてこの出来高は異常に多いとわたしは思った。

この出来高の増加は価格の上昇と並行して起きていたので、この株のファンダメンタルズを調べてみることにした。そしてその結果に安心した。同社はこの成長分野でほとんど独占状態にあった。同社が先駆者の一角を占めたクレジットカード制度はすでに広く確立していた。その収益は明らかに上昇傾向を示していた。こうした状況を頭に入れ、二四 $\frac{1}{2}$ ドルで五〇〇株を買い付けた。ストップロスは二一 $\frac{5}{8}$ ドルに置いた。

そこで問題は、これからの株価の動きである。ロリラードの最初に買った分ではすでに利が乗っていたので、万一の場合、ダイナースクラブでこの利益に見合う損を出しても構わないと思った。ところが損はしなかった。買ってから数日後、株価が上昇を始めたのだ。

自らの理論に従って直ちに追加で五〇〇株を買った。その価格は二六 $\frac{1}{8}$ ドルだった。この二回の取引では新しい五〇％の委託証拠金率を利用した。

株価は申し分のない展開を見せた。つまり、最初は【二八／三〇】であったものが【三二／三六】のボックスへ入る展開になった。【三二／三六】のボックス入りは、週間出来高が五万二六〇〇株になったのと同時期だった。これは最近分割を行った株式の週間出来高としては史上最高だった。

含み益が増えていくのを見ながらも、わたしは株価上昇を追いかけてストップロスという保険を引き上げることを片時も忘れなかった。最初は二七ドルに、やがて三一ドルに引き上げた。

表7.2

24 1/2 ドル	500 株	1 万 2353.15 ドル
26 1/8 ドル	500 株	1 万 3167.65 ドル
合計	**1000 株**	**2 万 5520.80 ドル**

三月第四週、株価は新たに【三六 ½／四〇】のボックスに入って、そこで腰を落ち着けるように見えた。ダイナースクラブの持ち株を整理してみた。買いは上のとおりだった（**表7・2**）。

利益はすでに一万ドルを超えていた。だがわたしの理論に従えば、さらに持ち続けなければならない。この株は一段と高値を狙う動きを見せていたからだ。すべての兆候がその方向を指していた。

しかし、受け取る電報は、突然、予想外の内容を含んでいた。なぜそんなことになったのか理解できず、不安を感じ始めた。この株は上昇意欲を失ったかのようだった。ピラミッドの最上段から飛び降りようかどうかためらっているように見えた。今にも転落しそうだった。暴落に備えてストップロス価格を異常に狭い三六 ⅜ドルまで引き上げることにした。

四月第四週、保険を掛けておいた出来事が起きた。ダイナースクラブがボックスの下限を割り込んだので、全株を手放すことになったのである。受け取ったのは三万五八四八・八五ドルで、利益は一万〇三二八・〇五ドルだった。

利益が一万ドルになったという電報を手に、わたしは東京の帝国ホテルの自室で座っていた。そして、過去数年にわたる研究と心配が無用のものでなかったことを初めて実感した。やっと成功のスタートを切ったのだ。

六週間後に受け取ったニュースは、ある意味で一万ドルの利益よりもわたしを有頂天にさせた。それはわたしの方法論のテクニカルな面を完全に裏付けるものだったからだ。それは、アメリカン・エキスプレスがダイナースクラブの競合者として発足することを公式に発表したというニュースだった。これこそ、株価が三六ドル近辺で足踏みしていた理由だった。発表よりも先にこのニュースを知った一部の人たちが売りに走ったのだ。この事実を知らないまま、わたしも売り払った連中の仲間になっていたのだ。

極東の地で、ライバル会社の設立が進んでいたことは知るよしもなかった。だが、価格の動きに基づいたわたしの投資手法のテクニカルな側面が、脱出の警告を発したのだ。

ロリラードとダイナースクラブに精力を費やしている合間にも、わたしはバロンズでほかの株式の相場を見ることを怠らなかった。株価表を見ているうちに、メンフィスに本社があるイー・エル・ブルースという小さな会社の株に並々ならぬ興味がわいてきた。この株はアメリカン証券取引所に上場されていた。詳しく調べてみると、同社は堅材製の床材を作っていることが分かった。これは確かにわたしのファンダメンタルズの条件に合致しなかったが、テクニカルな面での動きが非常に魅力的だったので目をそらすことができなかった。

ウォール街でのイー・エル・ブルースの活躍ぶりには目を見張るものがあった。通常、この株の週間出来高は五〇〇〇株以下だった。ところが急に目覚めて、動きだした。一九五八年四月の第二週、驚いたことに出来高が一万九一〇〇株に跳ね上がった。それ以後、週間出来高は四万一五〇〇株、五万四二〇〇株、七万六五〇〇株と激増し、それにつれて価格も毎週ごとに五〜八ポイント上昇し、反落の気配を見せなかった。

ブルースの株価は二月の一八ドルから五月の初めには五〇ドルに達した。ようやくそれから最初の押しがあって、四三½ドルに反落した。もちろん確実なことは分からなかったが、わたしにはこの反落は一時的なもので、燃料補給をしているように思えた。まだまだ上昇を続けると考えた。何かファンダメンタルな理由があるのではないかと探してみたが、見つからなかった。だが相変わらず大商いで値動きは活発で、上昇のリズムも失われていなかった。

わたしは自分が暗がりの劇場に座って、スリラー劇の幕が開くのを待っているような気分になった。東京からカルカッタへ向かう飛行機のなかで、ブルースの株価がどうなっているのかが一時間ごとに気になった。この株式は多くのほかの株式と比べて値動きの幅が大きく、動きも活発で、わたしも確固としたボックスを当てはめることができかねた。インド洋上を飛行しながら例外を認める決心をした。ファンダメンタルズがどうなっていようと、株価が五〇ドルを上抜ければ買おう、しかも大量に買おう。

しかしお金が必要だった。ダイナースクラブの株を売ったおかげで若干資金の余裕はあったが、それでは十分ではない。貯金を引き出す手はあったが、ジョーンズ・アンド・ラフリンで手痛い目に遭ってから、分不相応なリスクをとって自分の身を滅ぼすようなことは二度とするまいと誓っていた。この結果、ショービジネスの稼ぎから株式投資用にお金を回すようなことはしなかった。

唯一可能性のある方法は、古くからの友人であるロリラードのことをつぶさに調べてみることだった。ロリラードは今でも好調なのだろうか。

好調ではなかった。上のボックスを狙う動きは中途半端で、反落幅が以前よりも大きくなっていた。ロリラードから資金を回収し、ブルースへ投資する準備をすることに決めた。

五月の第二週に売った一〇〇〇株の平均売却価格は五七 3/8 ドルだった。売却総額は五万六八八〇・四五ドルで、この取引の利益は二万一〇五二・九五ドルだった。

ダイナースクラブで儲けた一万ドルと合わせると、五カ月で資金がほぼ二倍になったことになる。非常にうれしく、また誇らしかったし、これでブルースのような力強いが気まぐれな株式と取り組む、いわば大物食いをする準備ができたと思った。

わたしはこの戦いのために特別な準備をした。ロリラードの取引を終えたあと、わたしのシステムが非常にうまく働いたので、これを一社のブローカーだけに委ねるのはよくないという結論に達した。もしだれかがわたしの投資法をまねするようなことがあれば、面倒なことになるかもしれないと思ったからだ。ニューヨークに電話をかけ、新たにもう二社のブローカーに口座を開いた。

五月第三週、ニューヨークに電報を打って、ブルース株五〇〇株を五〇 3/4 ドルにストップオーダーを置いて買うように、そしてストップロスを四八ドルに置くように指示した。

その後、数日の間、この株の値動きは素晴らしかったので、現行の五〇％の委託証拠金率を目いっぱい利用することにした。ストップロスに引っかからなかったことを確かめたあと何回か買い増しを行い、その都度四七ドルから四八ドルに置いたストップロスで守り

表 7.3

単価（ドル）	株数	買い付けコスト（ドル）
50 3/4	500	2万5510.95
51 1/8	500	2万5698.90
51 3/4	500	2万6012.20
52 3/4	500	2万6513.45
53 5/8	500	2万6952.05
合計	**2500**	**13万0687.55**

を固めた。もしストップに引っかかるようなことがあっても、ダイナースクラブの利益を吐き出せば足りると計算したのだ。買い付けの明細は上のとおりであった（**表7・3**）。

買い付けのタイミングが良かった。イー・エル・ブルースはまるで磁石で引き上げられるように上昇を始めた。その上がる様子をうっとりとして眺めた。まことに壮観だった。

カルカッタでは、毎日の価格をじっと座って眺めていた。間もなく株価が六〇ドルを超えたと知らされた。その後、しばらくは足踏み状態にあったが、突然また動き出した。六月一三日には七七ドルに高騰した。

遠く離れたインドにいても、アメリカン証券取引所で何か途方もないことが起きつつあることは明白だった。ニューヨークに電話をして何が起きているのかを知りたいという気持ちを必死になって抑えた。ブローカーに電話をしたくなると、「駄目だ。そんなことをしても、うわさ話を聞かされるだけで、何かバカなことをしかねないじゃないか」と自らに言い聞かせた。

カルカッタのグランドホテルの部屋に座ってウォール街で何が起きているのだろうと考えていたときほど、わたしの決意と忍耐が試されていたことはなかった。

数日後、ニューヨークからの電話で爪をかむようなじれったさが恐怖に一転した。電話をかけてきたのはブローカーのひとりで、その話にもう少しで心臓の鼓動が止まるような思いをした。「アメリカン証券取引所がブルース株を取引停止にしました」と、彼は言ったのだ。それを聞いてわたしは思わず受話器を落としそうになった。恐怖に駆られた。ブルース株の取引停止だって！　わたしの資本のすべて、つまり六万ドルを超す金額がこの株につぎ込まれている。このお金をすってしまったということだろうか。注意力を集中して相手の声を聞こうとするのだが、それがひと苦労だった。彼の言葉を聞き取れる状態になるまでに何分かが必要だった。

自制心を失っていたので、一文なしになるどころの話ではなく、今やブルースの株式は店頭市場では一株当たり一〇〇ドルで売れる、ということだと理解するまでにかなり長い時間がかかった。わたしは完全に混乱していた。一株一〇〇ドル！　一体、どういうことだ。

ニューヨークからカルカッタまでかけてきたブローカーの電話の声を聞いている間中、わたしは震えていた。

ウォール街の一部トレーダーたちは、純粋にファンダメンタルズの観点から純資産額と収益性に基づく試算をしてみて、ブルースの株価は三〇ドルを超える価値はないと判断していた。したがって彼らは四〇～五〇ドルの間で空売りを始めており、価格が三〇ドル近くまで下がったところで買い戻せるだろうと思っていた。

これは大きな間違いだった。というのは、彼らの知らない要因がひとつあったのだ。

エドワード・ギルバートというニューヨークの製造業者が、ブルース一族を会社の経営から放逐しようとしていた。ギルバートとその仲間たちは、ブルース一族が保有する発行済み株式三一万四六〇〇株の大半を取得しようとしていた。株価を高騰させていたのはこの動きだった。出来高も目を見張るような数字で、一〇週間で取引されたブルースの株式は二七万五〇〇〇株以上だった。

相場の判断を誤って空売りをした連中は半狂乱になって先を争って買い戻そうとしたの

で、株価は目のくらむような高値につり上がってしまった。彼らは不可解な株価の暴騰に不意をつかれ、空売りした株を引き渡すという契約上の義務を果たそうにも、どんな高値でもブルース株を買うことができなくなっていた。

アメリカン証券取引所は取引が加熱しすぎてマーケットの秩序が保てないとして、ついに取引停止の措置をとった。しかし、これで空売りをしたトレーダーたちの自暴自棄の状態が変わるわけではなかった。

彼らは依然として株の引き渡しを行わなければならない。彼らは今や店頭でどんな値段を払ってでもブルース株を買い戻すほかなかった。

わたしは呆然として一部始終を聞いた。ブローカーは、現在の店頭価格は一〇〇ドルなので、この価格でわたしが売りの指示を出すかと尋ねた。

わたしは毎日の電報を思い出して、一連の電報がなんと素晴らしいブルースの絵を描いてくれたことかと感懐にふけった。何が起きているのかを探るために電話をかけたいという気持ちを必死に抑えてきた試練の日々を思い返した。電話をしたところで、二度と聞くまいと誓った「うわさ話」のたぐいの情報しか入ってこないと思ったからである。毎日の電報がブルース株のセンセーショナルな続伸を伝えている間、わたしがいかに我慢したか、またどうしてよいのか分からなかったかを振り返ってみた。

まだ我慢すべきだろうか。これは非常に難しい決断だった。目の前に差し出された利益は大きく、魅力的だった。ブローカーの話を聞いていると売りたいという気持ちがむくむくとわいてきた。とにかく、一〇〇ドルで売ればひと財産できるのだ。

聞き耳を立てながら一生懸命考えた。そこで、生涯でも最も重大な決断のひとつを下した。

「いや、一〇〇ドルで売る気はない。値上がりしつつある株を売る理由がない。手放さないでおくよ」。これがわたしの答えだった。

わたしは手放さなかった。これは大きな、かつ困難な意思決定だったが、結果的にはまさに正しい決断だったことがあとで明らかになった。次の数週間、わたしは何回か緊急の電話を受け取ったが、その内容は全米各地のブローカーからわたしの株を買いたいという申し込みがあり、その値がどんどん上がっているという報告だった。わたしは一〇〇株あるいは二〇〇株単位で少しずつ店頭市場を通じて売却していった。平均売却価格は一七一ドルだった。

これが、株式市場における初めての真の大儲けだった。この一連の取引で得た利益は二九万五三〇五・四五ドルに上った。

　これはわたしにとって素晴らしい出来事だった。うれしすぎて、どう表現していいのか分からないぐらいだった。聞きたがる人にはだれかれなしに話をしてやった。彼らに電報を見せてやった。

「だれから耳寄り情報をもらったんだ」。これがみんなからの反応だった。だれかに耳寄り情報をもらったわけではない、すべて自分でやったのだ、だからこそうれしくて、興奮しているのだと説明した。

　だれもわたしの話を信じなかった。今日でも、カルカッタにいるわたしの友人たちはひとり残らず、ギルバート氏がわたしに秘密を漏らしたのだと思っているにちがいない。

第8章　最初の五〇万ドル
My First Half-Million

イー・エル・ブルースの取引で圧倒的な成功を収めたのだから、わたしがより積極的になり、警戒心が薄れても不思議はなかっただろう。けれども、どういうわけかわたしは今まで以上に用心深くなった。九カ月の投資活動で三二万五〇〇〇ドル以上稼いだが、下手な動きをしてこの儲けを失わないようにしようと決心した。九カ月で大金を稼いで、九週間でそれをすってしまう投資家がなんと多いことか。そんなことがわが身に起きないようにしようと誓った。最初にとった手段は儲けたお金の半分をブローカーの口座から引き上げることだった。残りの資金の使途を求めて、新たな可能性を秘めた動きの良い株式を探しながら市場を注意深く観察した。大成功のあとにはよくあることだが、その直後の一～二カ月はあまりうまくいかなかった。

おそるおそるモリブデナムの株を五〇〇株買った。一株二七ドルで一万三六〇六・二五ドル支払った。その直後に二六½ドルでストップロスに引っかかり、一万三一二三・七八ドルが戻ってきた。ハベッグ・インダストリーズを試してみた。三一⅜ドルで五〇〇株買い、コストは一万五八六〇・九五ドルだった。ところが株価は方向転換して三〇ドルを割り込みそうになったので、三〇½ドルで売却し、受け取りは一万五〇五六・九四ドルだった。

ほかに興味の持てる銘柄が見当たらなかったので、思い切ってロリラードに戻った。この株は、砂漠に立つ大樹のようにかつては弱気相場で突出していたのだが、現在ではどちらかというと疲れ切って、のろのろ歩きの初老の紳士になっていた。しかし、これはわたしに大貢献してくれた最初の株だったので、心情的に愛着を抱いていたのだろう。この株を長い間放っておくことはできなかった。そこで、この株をアメリカ産の〝ペット〟にした。これはまったく間違った態度なのだが、そうしないではいられなかった。

一段と高値のボックスに上昇すると思ったので、この株を三回買った。新しいボックス入りをはたさなかったので、三回とも売り払った。このときのロリラード株の取引は次ページのとおりだった（**表８・１**）。

やってしまった。三回連続の損でついにわたしの心情的愛着もふっきれて、二度と買う

表8.1

1000株	買い	70 1/2ドル（7万0960.50ドル）
	売り	67 7/8ドル（6万7369.74ドル）
	損失	**3590.76ドル**
500株	買い	69 1/8ドル（3万4792.05ドル）
	売り	67 3/4ドル（3万3622.42ドル）
	損失	**1169.63ドル**
1000株	買い	67 3/4ドル（6万8207.80ドル）
	売り	67ドル（6万6495.66ドル）
	損失	**1712.14ドル**

のをやめた。その当時のロリラードの値動きは非常に緩慢で、明らかにわたし向きの株ではなくなっていたことを実感した。

ロリラードから手を引いたあと、わたしはじっくりと株式投資の結果を評価してみた。その結果は次のとおりだった（**表8・2**）。

全体としての利益は三一万八九二七・四四ドルだった。

ロリラードを売買している間にも、わたしは絶えず自分の投資理論に適合する株式を探していた。株式相場が全般に強含みになってきたことが、さらに徹底して調査を行う動機になった。この相場の強さはだんだんと明らかになってくると考えたので、できるかぎり早く将来性のある株式を見つけて強気相場を存分に活用したいと思った。

表8.2

	利益（ドル）	損失（ドル）
ロリラード	2万1052.95	6472.53
ダイナースクラブ	1万0328.05	
イー・エル・ブルース	29万5305.45	
モリブデナム		482.47
ハベッグ・インダストリーズ		804.01
合計	**32万6686.45ドル**	**7759.01ドル**

わたしの目をとらえた銘柄のひとつにユニバーサル・プロダクツという、聞いたこともない名前の会社の株があった。株価は三五ドル近辺で、三五$\frac{7}{8}$ドルから三三$\frac{1}{2}$ドルの間を上下していた。これが電子機器の会社だということが分かって、自分のテクノ・ファンダメンタリスト理論に関するかぎり適格だと思った。

一九五八年七月、まだカルカッタにいたわたしは、ニューヨークのブローカーに同社の相場を毎日知らせるように頼んだ。ブローカーたちの話を聞くと非常に有望な会社のようだった。けれども、ロリラードで最近損したことを思い出して、何回も続けて間違うことがあり得るので非常に慎重に行動したいと考えた。実際に株式を保有したほうが、その株の値動きを敏感に感じることができると思ったので、試し玉をしてみることにした。そこで、次の電報を打った。

「ユニバーサル　プロダクツ　300カブ　35 ¼　マタハソレイカデ　カワレタシ」

翌日、ユニバーサル・プロダクツを三〇〇株、三五 ¼ドルで買ったという返事を受け取ったので、次の電報を打った。

「ストップロス　33 ½　トサレヨ」

これで、腰を落ち着け、次の動きに備えて静観する以外にすることはなかった。この時期、わたしはインド中をあちらこちらとかなり頻繁に飛び回っていた。しかし、ユニバーサル・プロダクツの相場の電報はどこへ行っても追いかけてきた。一九五八年八月第三週、カシミールのスリナガルにいたわたしは、株価が堅調になってきたことに気づいた。そこで次の電報を打った。

「ユニバーサル　プロダクツ　1200カブ　カワレタシ　ストップ36½　ストップロス33」

ニューデリーのインペリアルホテルに戻ると、次の電報が待っていた。

「U　1200カブ　36½　ニテシュトク　U　36¾（37⅞～35⅜）」

この電報は、ユニバーサル・プロダクツを三六½ドルで買った、そしてその終値は三六¾ドルだという意味である。わたしの買った価格とかけ離れていたわけではないが、終値は上昇していた。さて、あとの問題は、この株がこのまま続伸するのか、それとも以前のボックスに戻ってしまうのかである。

胸がわくわくしてきた。もし最終的に損が出た場合の損失額は限定してある。わたしの判断が正しいのか、それとも間違っているのか、それが問題だった。翌日の電報が待ち遠しかった。やっと届いた電報によると、ユニバーサル・プロダクツの終値は三八⅛ドルだった。この日の値動きは三八¾ドルから三七½ドルの間だった。これはわたしが正しいこ

表8.3

試し玉	35 1/4ドル	×	300株	1万0644.93ドル
	36 1/2ドル	×	1200株	4万4083.56ドル
	40ドル	×	1500株	6万0585.00ドル
合計			**3000株**	**11万5313.49ドル**

とを物語っていた。たとえそれが当分の間だけであったとしても……。

その後数日の間、株価は上昇を続けたので、パキスタンのカラチに滞在中にわたしはもう一五〇〇株を四〇ドルで買った。その後間もなくして、ユニバーサル・プロダクツはユニバーサル・コントロールズに社名変更をして、一対二の株式分割を行った。株価は順調に推移していたが、最後に買ったあと、持ちたいだけの株数はもう買ったと判断した。

この時点でのわたしの保有状態は上のとおりだ（上に掲げる**表8・3**の単価はすべて平均単価である）。

この結果、新たな株式分割によって持ち株は六〇〇〇株になった。そこで、じっくりとこの株を持ち続けて、株価がロケットのように上昇していくのを待つばかりとなった。

一二月の初め、ユニバーサル・コントロールズの値動きが間違いないのを見定めたので、わたしは自分の秘書にもこの株を勧めた。この株を三一 3/4ドルで譲ってあげようと言った。

「もし株価が三〇ドル以下になったら、損をしてでも売りなさい。そうでなければ、大きく値上がりするまで持っているがいい。君が損をしても僕がかぶってやるよ」とわたしは言った。

たまたま彼の父親というのが、旧式な、こちこちのファンダメンタリストだったので、わたしが言ったことを聞くと、息子にそんなバカなことをするなと忠告した。父親の論点は、株は下がるかもしれないのに、買う意味がどこにあるのかというものだった。彼は上がることが確実な株式しか買ってはならないと考えていたのだ。まるで、だれもが値上がりを正確に予想できるかのように……。また、その父親はこの会社の状況が良いかどうかを知るために、会計帳簿を調べてみたいと言った。

わたしの秘書は父親の忠告に従った。投資をしないで、父親が慎重に帳簿を調べるのを待った。この老人が調査に夢中になっている間に株価は五〇ドルまで上昇した。

ユニバーサル・プロダクツと同時期に、わたしは動きが魅力的なもうひとつの銘柄に目を付けていた。それはチオコール・ケミカルだった。

最初にチオコールに興味を持ったのは一九五八年二月、東京にいたころだった。ちょうど一対二の株式分割があった直後で、激しい売買の対象となっており、間もなく熱が収まって【三九／四七】のボックスに入ったところだった。その後、数カ月、株価はこの領域におとなしくとどまっていた。

わたしはこの動きをバロンズで定期的にチェックしていたが、この価格帯における静かな様子は夏の日の池のようだった。しかし、わたしにはそれがなんとなく嵐の前の静けさのように感じられた。

三月になってニューヨークに電報を打った。

「チオコール　マイニチノ　カカク　シラセ」

価格の通知は滞りなく行われたが、四月に数週間小さな波乱があったほかには注目すべき動きはなかった。数週間後、香港から次のような電報を打った。

「チオコール　カカクレンラク　チュウダン　45ドル　コエレバサイカイ」

もし価格がボックスの上限に再び達したら、それが監視を再開する時期だと考えたのである。チオコールの価格が電報のなかに混じるようになったのは八月の第一週からだった。四五ドルを超したあと、その株価はさらに高値への跳躍を目指して筋肉を収縮させているかのようだった。試し玉をすることにして、打電した。

「チオコール　200カブ　47 1/4ニテ　カワレタシ」

注文はこの価格どおりで実行され、コストは九五三五・二六ドルだった。チオコールがダイナミックな動きを見せたのはその三週間後だ。八月末にわたしはその時期がやってきたと判断した。ニューヨークへの打電は次のとおりだった。

「チオコール　1300カブ　カワレタシ　ストップ　49 1/2」

一九五八年九月二日、買い付けは四九 7/8ドルで執行された。コストは六万五四〇八・七二ドルだった。一五〇〇株を抱えて、わたしはチオコールの株価が急速に五〇ドルを超え、五二～五六ドルで取引されているのを見守った。

一週間後、チオコールが新株引き受け権を発行するという通知を受け取った。これは株主に対してボーナスとして一株当たり一枚の権利証を交付するというものであった。権利証一二枚と引き換えにチオコール株を一株四二ドルという特別価格で買うことができた。株価は五〇ドルを超えていたので、この新株引き受け権を行使すれば実に有利な買い付けができた。権利を行使しない場合は、権利証をアメリカン証券取引所で売却することができ、同取引所では一定期間この権利が上場され、売買されることになった。

しかし、この引き受け権にはもうひとつ重要なことがあり、これが非常に魅力的だった。証券取引所規則によれば、この会社の株式を買う目的で権利を行使する場合、「特別引受勘定」と呼ばれる恩典に浴することができた。この勘定に引受権利証を預託すれば、ブローカーは預託者にその株式の時価の七五％まで資金の貸し出しが行えるのだ。さらに、買い付け時の手数料が無料になるという。

この話には喜んで飛びついた。この株を大量に信用で買う特別のチャンスだ。自由にできる現金をすべてこの取引につぎ込むことにした。自分の資金状態を素早く概算してみると次のとおりだった（単位はすべてドル。表8・4）。

表8.4

元々の投資額		3万6000
利益総額（損失は差し引き済み）		31万9000
合計総資本額		35万5000
現金引き出し額		16万0000
投資可能額		19万5000
既投資額		
ユニバーサル・プロダクツ（3000株）	11万5300	
チオコール（1500株）	7万5000	
	19万0300	
70％委託証拠金差し入れ額		13万3000
投資可能残額		6万2000

事態が奇妙な展開を見せていた。規則で認められているのは、七五％の貸し付けに限られていたにもかかわらず、特別引受勘定を利用して借り入れできる金額は、ウォール街のブローカーによって大きな違いがあることが判明したのだ。あるブローカーは約定代金の七五％までしか貸してくれなかったが、ほかのブローカーでは株式の時価の七五％全額を前渡しで融資してくれるところもあった。チオコールは五五ドル付近で取引されていたので、後者の条件は信用取引としては破格に好条件だった。わたしはこの条件を活用させてもらった。

平均単価一$\frac{6}{16}$ドルで三万六〇〇〇枚の権利証を買い、四万九四一〇ドルの代金を支払った。この枚数あれば三〇〇〇株のチオコール株が四二ドルで譲渡してもらえた。総額一二万六〇〇〇ドルだが、引受権の行使による取得方式のおかげで現金の支出が必要だったのは六〇〇〇ドルだけだった。これ以外のお金は、ブローカーの一社からのローンでまかなった。

この措置は非常に有利だったので、このめったにない信用取引条件をもっと利用することにした。

もともと持っていた一五〇〇株を売れば、この特別引受勘定の規則で二倍の株式を買い戻せると計算した。

そこで、この一五〇〇株を平均五三 ½ドルで売却した。これで新たに五万七〇〇〇ドルの購買力を得たことになり、今度も三万六〇〇〇枚の権利証を買った。前回と同様にして、二回目のチオコール株三〇〇〇株を手に入れた。

今回の手順は次のとおりだった。

①売り　　チオコール株一五〇〇株
②買い　　チオコール株引受権利証三万六〇〇〇枚、これに基づいて
③買い　　チオコール株三〇〇〇株

合計六〇〇〇株に要したコストは三五万〇八二〇ドルだった。

一二月の第二週、チオコール株はアメリカン証券取引所からニューヨーク証券取引所に上場変更された。その直後に株価は八ポイント上昇し、翌週には一〇〇ドルの大台に乗った。株価が上昇を続けたので、ブローカーは心配になってきたようだ。というのは次の電報を受け取ったからだ。

「キデンノ　チオコール　リエキ　25マンドルニ　タッセリ」

この電報を入手したのは、パリのホテル・ジョルジュ・サンクだった。価格を見るのに忙しくて、紙の上で利益が累増しているのを忘れそうになっていたことに突然気がついた。ブルースの分を合わせると、今や利益は五〇万ドルを超えていた！　実際、これだけの金額を持つことになろうとは思いもしなかった。これで死ぬまで金持ちでいられる。

これだけの金額を所有しているという実感が突然驚きとともにわいてきた。体の組織のひとつひとつが「売れ、売れ」と言っているようだった。これほど大きな誘惑が世の中にあるのだろうか。

どうすべきなのか。株価はまだまだ上昇するのだろうか。あるいは、利益を実現して、手を引いたほうがいいのだろうか。おそらく、もうこれ以上は上がらないだろう――下落するかもしれない。これはこのうえないジレンマで、「売るタイミングをいつにするか」という昔からの煩悶が、大金がかかっているだけにいっそう大きくのしかかってきた。ここで判断が正しければ、わたしの人生は変わることになるだろう。もし誤ったら、一生悔やむことになるだろう。

ひとしお孤独を感じた。この状況でどうすべきか忠告してくれる人はまったくもってだれもいない。外出し、一杯やって、状況を考えることにした。出かける前に、化粧テーブルの前に座って小さなカードに「ブルースを忘れるな」と書いた。過去に学んだことを忘れないようにという意味だった。

パリの街中を歩き回りながら、ポケットのカードをまさぐり続けた。ブローカーにチオコールを売ってくれと打電したくなると、このカードを取り出して眺めては逡巡しながらも思いとどまった。

最終的に売らないと決めた。これはわたしの新しい株式市場との取り組み手法の最大の成功例だし、ここに至るまでの道のりはけっして生易しいものではなかった。ホテルに戻るまでにわたしは疲労困ぱいしていた。ひと財産築いたばかりの男ではなく、自殺寸前の人間に見えたにちがいない。

しかし、わたしの判断が間違いではなかったことが実証された。チオコールは続伸し、パリでの決断のおかげで手放さずにすんで、さらに儲けることができたのだ。

数週間後の一九五九年一月、わたしはニューヨークに戻った。アイドルワイルド空港（ジョン・Ｆ・ケネディ空港の旧称）に到着したとき、わたしはチオコールを六〇〇〇株、ユニバーサル・コントロールズを六〇〇〇株持っていた。この両者とも動きは非常に良かった。チオコールは一〇〇ドル台だったし、ユニバーサル・コントロールズは四五ドルまで上昇していた。

ニューヨークで初めに会ったのはブローカーたちで、ウォール街でのわたしの取引について彼らと話し合った。ブローカーたちは帳簿を見て、わたしの投資が五〇万ドルを超える儲けになっていると教えてくれた。

気分は高揚し、自信にあふれ、成功の喜びに満ちていた。プラザホテルの一室を借りて、滞在中はこの至近距離から株式取引を続けることにした。

自分がバカなまねをして物笑いになるための舞台作りをしているなどとは夢にも思わなかった。次の数週間で、わたしは破滅の警笛が聞こえるところまで足を踏み入れることになったのである。

第9章 二度目の危機
My Second Crisis

五〇万ドル儲かっているという話を聞いて、わたしは大いに自信を深めた。自分がどういう行動をとったのかは明確に理解していたし、また同じように大成功が続くだろうと信じて疑わなかった。投資技術を習得したことにも疑問の余地はなかった。電報を通じて取引をしていたことで、ある種の第六感も冴えてきた。これが自分の探している株式だということが「感覚」で分かった。これは音楽の専門家が発達した感覚を持っていることと同じことだろう。専門家の耳は、一般の聴衆には聞き分けがつかないような半音階でも聞き逃すことはない。

わたしはたいていの場合、好ましい株式を見つけることができた。ある株が八ポイント値上がりしたあと、四ポイント下落しても警戒感を持たなかった。そうなることを予想していた。また、ある株が堅調になると、それが値上がりするのはいつかを言い当てたこともしばしばあった。これは神秘的な、説明のつかない本能だったが、そんな本能がわたしの体のなかにあることは事実だった。そのおかげで非常に大きな力を得た気になった。

したがって、自分は証券界のナポレオンだという幻想がだんだんと膨らんでいったとしても、それほど驚くには当たらないだろう。もうすぐ、きらびやかな街路を凱旋に繰り出すような気分だった。危険な気配を感じることはなかった。行く道のどこかに、危険な巨人が待ち構えているとは思いも寄らなかった。むしろ、自分のようにやり遂げることができる人はそうざらにはいないだろうという独善的な考えを持ち始めていた。

株式取引に本当に集中しようと決意した。五〇万ドル儲けたのだから、二〇〇万ドル、三〇〇万ドル、いや五〇〇万ドルであっても儲けるのに支障があるはずはない。この時期、委託証拠金の率が九〇％に引き上げられたが、ブルース株で得た利益から別枠として取っておいた一六万ドルを使えば、新たな財産作りの基礎は盤石だと思っていた。毎日現場に立って真剣に取引をしようと思った。それも以前のようにはした金の売買ではなく、大金を動かす取引を……。

実際には、ポケットが膨らんだ分だけ、頭のほうが空っぽになって、自信過剰になっていた。そして、これはだれにとっても株式市場で陥る最も危険な心理状態である。間もなく、わたしは株式市場から手厳しい教訓を学ぶことになった。これはマーケットを熟知したと思い込んだ軽率な連中が必ず経験することだ。

ニューヨークに戻って数日後、株式市場をもっと身近に感じようと思った。自分には間違いようがないシステムがあるので、マーケットに今まで以上に近づくことさえできれば、毎日資産作りをする妨げになるものは何もないと考えた。将来の勝利のための舞台として選んだのは、ブローカーの一社がマンハッタン北部のアップタウンに構えている事務所だった。

この事務所を最初に訪れたとき、その素晴らしさに目を見張った。ディーリングルームは広くて、片時も休むことのない小さな機械、つまりティッカーマシンが据えられて、その前に椅子が何脚か置いてあった。部屋は活気にあふれ、照明がまばゆいばかりだった。部屋のなかには、モンテカルロのカジノにいる物欲しげな連中さながらの人たちがいて、いずれも落ち着きがなく気分を高ぶらせていた。人々が動き回り、空気は喧騒と活気に満ちていた。ティッカーがカチカチと音をたて、タイプや電信機の音が充満し、事務員が忙しく動き回っていた。

「グッドイヤーがそんなに良いとは思わないな」「アナコンダは手放したよ」「調整相場の

機運が熟したね」などという会話があちらこちらから聞こえてきた。

初日、わたしはこの張り詰めた、刺激的な雰囲気にのみ込まれることもなく平静だった。成功体験の後ろ盾があったので、この緊張した人たちが抱く不安、希望、恐れを見下していた。しかし、これも長くは続かなかった。毎日、このディーリングルーム内で取引を実行してみると、だんだんと超然とした気持ちが失われて、見下していた人たちの仲間に足を突っ込み始めた。事実関係や評判、それにゴシップなどが錯綜した矛盾だらけの話に耳を傾けた。株式市場に関するニュースレターを読むようになった。

「この相場をどう思いますか」とか「この安値の原因に何か心当たりがありますか」というような質問を始めた。こういうことのすべてが致命的な影響となって現れた。

取引を始めて数日のうちに、過去六年間にわたって学んだことをすべて放り出してしまった。自らを厳しく律して禁じたすべてのことをやるようになった。ブローカーと話をし始めた。うわさ話に聞き耳を立てるようになり、ティッカーマシンのそばから離れられなくなった。

まるで一獲千金をささやく悪霊に取りつかれたようだった。電報で取引したときにあれほど慎重に培った明晰な洞察力を完全に失ってしまった。一歩一歩投資に関する技能を捨てる道を歩んでいた。

最初に失ったものは第六感だった。「感覚」がまったくつかめなくなった。見えるものはただリズムもなく、理由もなく上下する株式のジャングルだけだった。次いで、自律性がなくなった。次第に自分のシステムを捨てて、他人の意見を取り入れるようになった。最初に覚えたことは群衆に従うことだった。わたしは理性に見放され、完全に感情に支配されるようになった。

自らのシステムに固執することがなぜそんなに難しかったのかを理解してもらうためには、次のような説明をするのがよいだろう。満員の劇場のなかで「火事だ！」と叫べばどうなるだろうか。観客は出口に殺到し、お互いに傷つけあったり、死にそうな目に遭ったりするだろう。また、水に溺れかけている人は手足を振り回し、助けようとする人の体にすがりついて、二人一緒に沈んでしまうこともあるだろう。こんな状況になると、人は理性を失い、判断を誤り、本能のおもむくままに行動するのである。

わたしが群衆に従ったときにとったのは、こういう行動だった。一匹狼であることをやめて、毛を刈り取られるのを待つ子羊のように混乱し、興奮して仲間とともに右往左往するだけだった。周りの人が「イエス」と言うのに、わたしだけが「ノー」とは言えなかった。ほかの人が怖がるときは、自分も怖くなった。他人が希望を持てば、わたしも期待が膨らんだ。

こんなことは初めてだったし、初心者時代にもこんな経験をしたことはなかった。投資技術と自制心をまったく失ってしまった。手を出したことは、すべて裏目に出た。

わたしの行動はまるでずぶの素人のようだった。慎重に作り上げたシステムは崩壊した。取引はすべて壊滅的な結果に終わった。ちぐはぐな注文が何十件にも達した。五五ドルで買った株式は五一ドルに値下がりし、それでも手放さなかった。ストップロスはどうなったのか？　最初に放り出していたのだ。忍耐、判断力はどこへ行ったのか？　いずれもどこかへ消え失せてしまった。ボックスはどうしたのか？　すっかり忘れてしまった。

日がたつにつれて、わたしの投資活動の悪循環は図９・１のような様相を呈した。

わたしは言いようのない挫折感に見舞われた。自分の愚かさを責める代わりに、あれこれと失敗の言い訳をこしらえた。「あの連中」の存在を信じるようになっていた。「あの連中」が高く売りつける。「あの連中」が安く買いたたく。もちろん「あの連中」がだれを指すのか分からなかったが、それでもその存在を疑わなかった。

「あの連中」、つまりわたしの心の裏側にひそむ灰色の妖怪と戦うときには、向こう見ず

図９．１

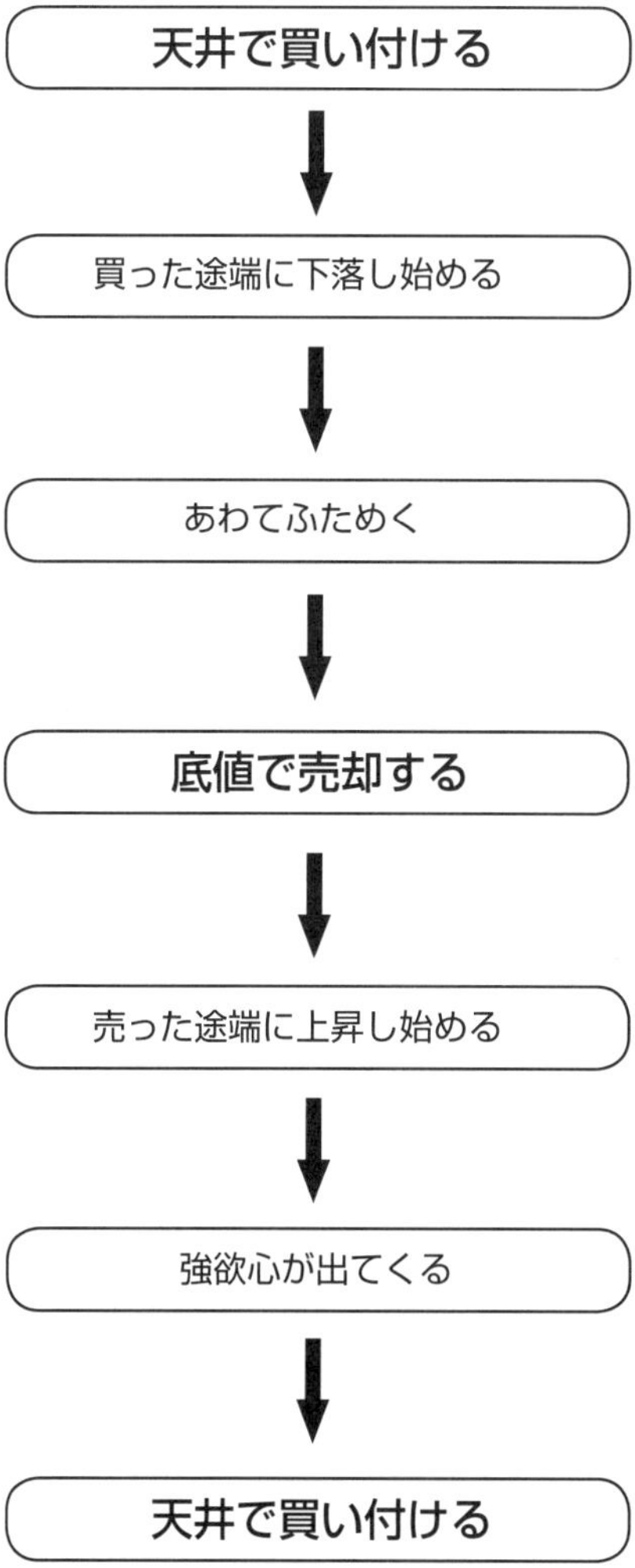
天井で買い付ける
買った途端に下落し始める
あわてふためく
底値で売却する
売った途端に上昇し始める
強欲心が出てくる
天井で買い付ける

になった。わたしは頑固になった。株式はわたしを打ちのめしたが、そのたびに血をぬぐい、もっと打ちのめされるためにまた戻っていった。以前、株式相場で五〇万ドル以上儲けたのだから、これ以上悪いことが重なるはずがないと自分に言い聞かせた。これが大間違いだった。

この時期は何をしてもうまくいかなかった。数週間で一〇〇万ドルも損した。この当時の取引記録を見ると、精神に破綻を来している者の行動記録のようだ。いまだにこれが事実であったとは信じられない気持ちだ。しかし、今になって思うと、あれは過大な自負心が原因となって、虚栄心や自信過剰が膨らんで、ひいては大失敗につながった。わたしを打ちのめしたのは市場ではない。自分の無分別な本能と抑制のきかない感情の仕業だったのだ。

わたしは株を買って、その数時間後にそれを売った。同じ日のうちに売りと買いを行った場合、日計り商いなら二五％という少額の委託証拠金で取引ができたからだ。この一連の取引で、儲かるどころか毎回数千ドルの損をした。次ページの取引記録（表9・1）が示すように、必ず損を招くような取引のやり方をしていたのだ。

表9.1

ハベッグ・インダストリーズ　2500株
買い　70ドル　　（17万6150.00ドル）
売り　63 1/2ドル（15万7891.34ドル）
損失　1万8258.66ドル

ローム・ケーブル　1000株
買い　37ドル（3万7375.00ドル）
売り　31ドル（3万0724.48ドル）
損失　6650.52ドル

ゼネラル・タイム　1000株
買い　47 3/4ドル（4万8178.80ドル）
売り　44 3/4ドル（4万4434.32ドル）
損失　3744.48ドル

アドレソグラフ・マルティグラフ　500株
買い　124 1/2ドル（6万2507.25ドル）
売り　116 1/2ドル（5万8053.90ドル）
損失　4453.35ドル

ライヒホールド・ケミカルズ　1000株
買い　63 1/2ドル（6万3953.50ドル）
売り　61 1/2ドル（6万1158.37ドル）
損失　2795.13ドル

ブランズウィック・ボーキー・コレンダー　2000株
買い　55 1/2ドル（11万1891.00ドル）
売り　53 1/2ドル（10万6443.46ドル）
損失　5447.54ドル

レイセオン　2000株
買い　60 1/2ドル（12万1901.00ドル）
売り　57 3/4ドル（11万4823.69ドル）
損失　7077.31

表 9.1（続き）

ナショナル・リサーチ　2000 株
買い　24 1/2 ドル（4 万 9625.00 ドル）
売り　22 ドル　　　（4 万 3501.52 ドル）
損失　6123.48 ドル

アメリカン・メタルズ・クライマックス　4000 株
買い　32 7/8 ドル（13 万 2917.60 ドル）
売り　31 5/8 ドル（12 万 5430.47 ドル）
損失　7487.13 ドル

アメリカン・モータース　3000 株
買い　41 1/4 ドル（12 万 4938.90 ドル）
売り　40 ドル　　　（11 万 9094.60 ドル）
損失　5844.30 ドル

モリブデナム　2000 株
買い　49 1/2 ドル（9 万 9875.00 ドル）
売り　47 1/2 ドル（9 万 4352.50 ドル）
損失　5522.50 ドル

シャロン・スチール　2000 株
買い　48 1/4 ドル（9 万 7362.60 ドル）
売り　43 1/4 ドル（8 万 5877.27 ドル）
損失 1 万 1485.33 ドル

ワーナー・ランバート　1000 株
買い　98 1/2 ドル（9 万 8988.50 ドル）
売り　95 1/2 ドル（9 万 5127.09 ドル）
損失　3861.41 ドル

ルーケンズ・スチール　1000 株
買い　88 ドル（8 万 8478.00 ドル）
売り　81 ドル（8 万 0640.48 ドル）
損失　7837.52 ドル

損失合計　9 万 6588.66 ドル

この憂うつな表を見てもらえば、株を見るだけで身の毛がよだった理由が分かっていただけるだろう。

あまりにも多くの活字を読みすぎ、あまりにも多くのことをしすぎたというのが損失を重ねた理由だった。それが、株式相場の数字を読めるレベルにはいち早く達したけれども、その数字がもはや何も語ってくれなくなった理由だった。それから間もなく事態はさらに悪化した。一向に止まらない損に追い立てられ、驚きのあまり混乱し、うわさ話に頭を痛め、数字すら見えないほどの状態になった。体がばらばらに機能しているようだった。一日中数字の列を見つめているのに、目は数字の上を漂っているだけで内容は理解できなかった。頭の中はぼんやりしていた。さすがにこの段階に至ったことが本当に恐ろしくなってきた。酔っ払いのように現実の世界の感触をなくしていながら、その理由が分からなかった。

悲惨な状態で数週間を過ごしたあと、なぜこんなことになったのか、その理由を真剣にじっくりと考えてみた。香港やカルカッタ、サイゴンやストックホルムでは、どうしてあの感覚を持てたのだろう。そして、ウォール街から一キロも離れていないところにいるのになぜその感覚を失ったのか。この違いは何だろう。

この問題の解決は容易でなく、わたしは長い間思い悩んだ。ある日、プラザホテルの部屋に座って電話をかけようかどうかと迷っていたときに、突然あることに思い至った。外国にいたときは、ディーリングルームに顔を出したこともなく、だれとも話さず、電話がかかってくることもなく、ティッカーテープを見ることもなかった。

解決策をささやく声が聞こえたが、最初は信じることができなかった。その答えが意外で、単純ではあるが異常なものだったので、信じ難かったのだ。その声は、わたしの耳がわたしの敵だと言っていた。

外国旅行をしている間はマーケットを評価することができた、というよりも、関心を持った数の限られた株式を冷静に、中立の立場で、うわさ話などに惑わされることなく、感情やエゴから完全に解放されて評価することができた。この事実が、天啓が下ったかのようにひらめいて、目を見開かされた。

毎日受け取る電報だけに基づいて投資をしていたころは、そのやり方がマーケットを見通す力を授けてくれたのだ。その力が株式の動きの方向性を教えてくれたのだ。それ以外には何も見なかったし、何も聞かなかったので、ほかに影響を受けるものがなかった。

ニューヨークでは事情がまったく違っていた。うわさ話や干渉、パニック、矛盾だらけの情報など、あらゆる種類の雑音が耳に入ってきた。この結果、株式取引が感情に支配された。かつての冷静で、医師の診断のような取り組みが影をひそめた。

答えはただひとつだと思った。自分を取り戻さなければならない。全財産をすってしまう前に、直ちにニューヨークを離れて、遠くへ行かなければならない。

この期間、ひとつだけわたしを完全な破滅から救ってくれたものがあった。それは、良い動きをしていたユニバーサル・コントロールズとチオコールで、わたしはこの両銘柄を放置していた。今になって考えてみれば、忙しすぎてこれら銘柄のことを考える暇がなかったのだろう。わたしはほかの銘柄に手を出しては、損を積み重ねていたのだ。

わたしは身辺を見回して、この両銘柄を除く全株式を手放した。それからパリ行きの飛行機に乗った。しかし、出発の前に非常に重要な決定をした。ブローカーたちに、絶対に電話をかけてきてはならないし、どんな理由があろうと情報のたぐいを知らせてくれるなと言いわたしたのだ。わたしがブローカーに求めたのは、いつものとおりウォール街の株価に関する毎日の電報だけだった。

パリの街をぼんやりと歩き回りながら、頭の中では株式相場の意味のない、不鮮明な数字がぐるぐると回っていた。電報は毎日届いたが、その内容が理解できなかった。完全にカンを失っていた。ひどい事故に遭って、再起不能を宣告されたような気分だった。完全に意気消沈の状態だった。

こんな状態が永遠に続くのかと思っていた矢先に、思いがけないことが起きた。パリに着いて二週間ほどたったある日、ホテル・ジョルジュ・サンクでその日の電報を受け取った。元気なくその電報を手にしたとき、数字がいくらか明るさを増して見えるような気がした。最初はそれが信じられなかった。今まで見たことがなかったかのように、じっと電報を見つめている自分に気がついた。何か幻を見ているのではないかと思った。

いらいらしながら翌日の電報を待った。そしてそれを受け取ったとき、もう疑問の余地はなかった。数字が今までよりも鮮明に、しかもなじみがあるもののように見えだした。目の前のベールが取り除かれたように、再び眼前に映像が浮かび、株の将来の姿が見えだしたのだ。

その後数日間、電報がだんだん鮮明になってきて、昔に戻って相場が読めるようになった。再び、力強い銘柄もあれば、軟弱な銘柄もあることが理解できた。同時に「カン」が戻り始めた。回復に向かう病人のように次第に自信がわいてきた。もう一度相場と取り組むのに十分な勇気を取り戻した。

しかし、わたしは教訓を得ていた。ブローカーの事務所を二度と訪れないことを永遠の戒めにしようと決意した。また、ブローカーにはわたし宛ての電話を禁じなければならない。わたしに必要なのは株価の電報だけで、それ以外には何もいらない。

ウォール街までタクシーでわずかな距離にあったニューヨークのホテルは悲惨な取引を行ったところであり、たとえそこへ戻ってもわたしの決意は断固として守らなければならない。ウォール街が数千キロのかなたにあるかのように、ブローカーには、わたしが香港やカラチ、ストックホルムにいるときと同様、毎日電報を打ってもらわなければならない。

またブローカーには、わたしが求めていないときはたとえそれがどんな銘柄であろうと、その価格をわたしに知らせないように頼んだ。彼らに推奨銘柄を通知させてはならないのだ。これはすぐにうわさ話と同じたぐいの情報になってしまうからだ。新しい投資銘柄は以前のように金融紙を読んで選ぶことにしよう。面白そうな銘柄で今にも値上がりしそうなものがあれば、そのときに価格の通知を頼もう。新しい銘柄の通知を頼むときは一回につき一社に限定しよう。それから、今までどおり慎重に検討してから買う価値があるかどうかを決めよう。

飛行機の墜落事故で生き残り、すぐにまた乗らないと飛行機が怖くなってしまうことを知っている人のように、この方法を実行できる道は間違いなくひとつしかないと思った。そこで、ニューヨークに戻る便を予約した。

第10章　二〇〇万ドル
Two Million Dollars

ニューヨークに戻った一九五九年二月の第三週、狂気の時代のショックから完全に立ち直って、マーケットへの取り組みを再開した。

バカげた行動によって受けた傷跡はまだすっかり癒えてはいなかったが、ひどい経験をしたあとでいっそう力がついたような、爽快な気分になった。わたしにとって最後となる教訓を学んだのだ。自分で作り上げたシステムには断固従わなければならない。一度でもこの道を外れると災難に巻き込まれる。わたしの財政基盤は危機状態に陥り、やがてカードで作った家のように崩壊するだろう。

ニューヨークで最初に手をつけたのは、以前と同じ過ちを繰り返さないように身の周りに鉄の壁を築くことだった。

まずは取引を六軒のブローカーに分散することにした。これでわたしの投資方法がまねされずに済むだろう。また、ブローカーの介入からわが身を守るために防護壁を作った。これは現在でも利用しているわたしの護身法である。

考案したのは次のような方法だった。ブローカーたちにはウォール街の立ち会い終了後に電報を打ってもらうように頼んだので、電報は午後六時に着くはずである。この時間は長年ナイトクラブに出演してきたわたしにとって、だいたい起床時間に重なる。一方、交換手には日中はわたし宛ての電話を取り次がないように指示した。

これで、ウォール街のすべての出来事はわたしの睡眠中に起きることになる。みんなが働いている間、わたしは眠っていて、しかもだれもわたしと接触したり、わたしを悩ませたりすることはできない。予想外のことが起きれば、ストップロスオーダー（逆指値注文）がわたしの代理人としてその務めを果たしてくれる。

午後七時になると、毎日の電報の検討という仕事に取り掛かり、これからどう取引を進めるかを決めた。その前にウォール街の終値を掲載した夕刊を買った。その日の株式相場のページだけを切り取り、残りの金融欄は捨てた。どれほど情報に通じた人が書いたものであろうが、金融に関する情報や解説の記事は読みたくなかった。読めば迷いがまた出てくるからだ。

それから、ウォール街が眠っているうちに、電報と新聞から切り取ったページを手に仕事に取り掛かった。

最初の数週間は傷ついた自信を取り戻すために費やしたが、手放さなかった例の二つの銘柄はこの間にも上昇を続けていた。ユニバーサル・コントロールズはほとんど何の障害もなく六〇ドル台まで値上がりした。これは以前、ニューヨークに戻ってきたころと比べると、四〇％以上の上昇率だった。チオコールの値動きも良く、一一〇ドルを超すところまで続伸していた。

非常に将来が楽しみだった。この両銘柄については何も手を出すことはないと思った。過去の苦い経験を武器として、新しい強力な防護壁に囲まれて、わたしは用心しながらも自信を持って市場に足を踏み入れた。次に取引の成功例をいくつか掲げる（**表10・1**）。

相手が株式市場なので、わたしの取引がすべて成功したというわけではない。買った株式のうちのいくつかは予想したとおりには動かなかった。次に、損で終わった取引をいくつか示してみよう（**表10・2**）。

以上の例は、わたしの方法が正しいことを完全に裏付けている。どのケースでも投資額との比率で見れば損失よりも利益のほうの率が高いので、成功していることがお分かりに

表 10.1

ゼネラル・タイヤ・アンド・ラバー　1000 株
買い　56 ドル　　(5 万 6446.00 ドル)
売り　69 1/2 ドル (6 万 9151.01 ドル)
利益　1 万 2705.01 ドル

センコ・インスツルメンツ　1000 株
買い　19 1/2 ドル (1 万 9775.00 ドル)
売り　23 1/2 ドル (2 万 3247.63 ドル)
利益　3472.63 ドル

アメリカン・フォトコピー　500 株
買い　71 1/2 ドル (3 万 5980.75 ドル)
売り　79 1/2 ドル (3 万 9570.92 ドル)
利益　3590.17 ドル

ユニオン・オイル・オブ・カリフォルニア　1000 株
買い　46 ドル (4 万 6420.00 ドル)
売り　50 ドル (4 万 9669.00 ドル)
利益　3249.00 ドル

ポラロイド　500 株
買い　121 ドル (6 万 0755.50 ドル)
売り　127 ドル (6 万 3299.08 ドル)
利益　2543.58 ドル

ブランズウィック・ボーキー・コレンダー　500 株
買い　71 1/4 ドル (3 万 5855.65 ドル)
売り　77 ドル　　(3 万 8322.08 ドル)
利益　2466.43 ドル

ベルハウエル　500 株
買い　93 ドル　　(4 万 6741.50 ドル)
売り　99 1/4 ドル (4 万 9436.81 ドル)
利益　2695.31 ドル

表10.2

センコ・インスツルメンツ　1000株
買い　23ドル（2万3300.00ドル）
売り　22ドル（2万1755.76ドル）
損失　1544.24ドル

ライヒホールド・ケミカルズ　500株
買い　65ドル　（3万2727.50ドル）
売り　63 3/4ドル　（3万1703.17ドル）
損失　1024.33ドル

ファンスチール　1000株
買い　63 1/2ドル　（6万3953.50ドル）
売り　62ドル　（6万1657.96ドル）
損失　2295.54ドル

フィラデルフィア・アンド・リーディング　500株
買い　131ドル　（6万5760.50）
売り　129 3/4ドル（6万4672.79）
損失　1087.71ドル

なるだろう。これらの取引はすべて、ニューヨーク発のニューヨーク宛て電報だけで行われたことに注意してほしい。ブローカーに会ったことや、話したことは一度もなかった。日中の立ち会いの間にわたしの保有株式が瀕死の鳥のように羽ばたきしたり、衰弱しだしたりしたときは、ブローカーたちもわたしに警告するために電話をしたくてむずむずしたことだろう。電話をかけさせないのは極め付きの大バカ野郎だと彼らは思ったにちがいない。しかし、わたしは頑固に規則を守った。良きにつけ悪しきにつけ、ニュースに接するのは電報の着く午後六時だった。それからわたしの行動が始まった。

ニューヨークではこんなふうに取引をして数週間が過ぎたが、この間にユニバーサル・コントロールズの雲行きが怪しくなってきた。それまで着実に上昇してきたのに、その着実さが失われ始めた。価格変動と上昇速度が激しく、むしろ激しすぎるくらいになってきた。

これは面倒なことが起こる兆候であり、そして実際に災難が降りかかった。三月の第一週に六六ドルから少し上昇したあと、次の三週間で一〇二ドルにまで高騰した。この時点でモメンタムが逆転し、反対方向に向かい始めたのだ。エアポケットに入ったように下落し、上昇の兆しがまったくなくなった。祭りが終わったことに疑問の余地がなかった。用心しないと急落に見舞われかねないので、その日の終値の二ポイント下のところまでストップロスを引き上げることにした。翌朝、八六 1/4 ドルから八九 3/4 ドルまでの価格で売り抜けた。これは一〇二ドルの高値から比べると一二ポイントを超す安値だったが、十分に満足だった。不満を感じる理由はなかった。ずいぶん長く付き合ったし、売却総額は五二万四六六九・九七ドルだった。この結果、利益は四〇万九三五六・四八ドルになった。

表 10.3

94 3/8 ドル	×	2000 株	18 万 9718.80 ドル
97 7/8 ドル	×	1500 株	14 万 7544.35 ドル
101 7/8 ドル	×	2000 株	20 万 4733.80 ドル
合計		**5500 株**	**54 万 1996.95 ドル**

今やわたしの投資資金は非常に大きくなった。市場を注意深く眺めて、いつものように売買が活発な値嵩株を物色した。この時点で、適切な株式を選ぶのがさらに難しくなるような問題にぶつかった。これだけ大きな資金なので、自分の買いが不当な影響を受けないように注意する必要があった。

しばらく探してから、難しい条件にすべて合致する銘柄に巡り合った。それがテキサス・インスツルメンツだった。

四月第二週、平均価格九四 3/8 ドルで最初の二〇〇〇株を、次に九七 7/8 ドルで一五〇〇株買った。値動きが引き続き好調だったので、もう二〇〇〇株買い増した。最後の買値の平均は一〇一 7/8 ドルだった。お察しのとおりこれは大変な金額で、実際に五〇万ドル以上になった。テキサス・インスツルメンツの買い付け明細は上のとおりだ（**表10・3**）。

ユニバーサル・コントロールズ株を売った資金を再投資したあと、再びチオコールに注意を向けた。

チオコールとは長い付き合いで、古くからのパートナーのような特別な関係にあった。ほかの株式に比べるとチオコールにはより自由な値動きの余地を与えており、その理由は、この株式については本当に「体感する」ことができたこと、また特別引受勘定の恩典を享受していたことであった。

これほど異例な与信制度の利用を返上するのは賢明ではないので、株価が上がってもいつもトレイリングストップロス（株価の上下に合わせて断続的に指定価格を変更する逆指値注文）はそのずっと下方に置いていた。ほかの銘柄ではこんなことはしなかったが、チオコールの場合にはこの方法でこれまで二回も売却を免れていた。二回目は四月第一週に株価が非常に大きな反落を見せたときのことだった。この反落が起きたのは一対三の株式分割の発表があったすぐあとのことだ。この反落は痛烈だったのでこの辺りで手を切ろうかと思ったが、ストップロスに判断を委ねることにした。

ストップロスに引っかかることはなく、下落は一時的で直ちに力強い上昇に向かった。しかし、チオコールに魅力を感じていたのはわたしひとりではなかった。新たに分割された株式は一般の熱狂的な反応に見舞われ、五月第一週には七二ドルに高騰した。

反応が良すぎて、驚くべき事態を引き起こした。この週、五四万九四〇〇株という信じられないような出来高を記録したのである。

この週の上げ幅は一三 1/4 ポイントだった。

売買高合計は四〇〇〇万ドル。

この週の価格差に出来高を掛けると、それは七〇〇〇万ドルに達した。

この週の間中、ニューヨーク証券取引所のトレーダーはひとり残らずチオコールの売買に殺到し、ほかのことには手が回らなかったようだった。

もちろん、この状態は長続きしなかった。ニューヨーク証券取引所の理事長は、すべてのストップ付きの注文、つまりストップオーダーとストップロスオーダーの差し止めを決定した。この結果、大半のトレーダーはチオコール株を放置するほかなかった。彼らは自分の身を守る手立てがないなかで、株式の売り買いはできなかったのだろう。これは、わたしにとっても自動的にこの株式を手放さざるを得ないことを意味した。最も強力な武器を取り上げられてしまったので、わたしも丸腰で取引することはできなかったのだ。

わたしはチオコールを全株処分したが、その平均売価は六八ドルだった。

もともと持っていた六〇〇〇株は一対三の株式分割のおかげで一株当たり二〇〇ドル以上の利益を上げた。この六〇〇〇株は合計三五万〇八二〇ドルで買ったものだ。分割の結果一万八〇〇〇株に増えた株式の対価として、一二一万二八五一・五二ドルを受領した。利益は八六万二〇三一・五二ドルだった。一〇〇万ドルを市場に再投資するためには大きな問題があった。二重の意味で慎重を期す必要があった。金額が大きすぎてほかの株式に乗り換えるのが容易ではないこと、そして同様にわたしの買いが相場に影響を及ぼすことが必至だったことだ。

また、わたしのストップロス戦略がすでに実用性を失ったという事実にも直面しなければならなかった。というのは、いかなるトレーダー（自己勘定で短期の売買を行う証券業者）であれ、スペシャリスト（特定の銘柄を扱う取引所会員）であれ、一瞬のうちにこれほど大量の株式を吸収できそうもなかったからだ。

取るべき手段はひとつだった。わたしは資金を二つに分けることにした。いったんこう決心してみると、選択は比較的容易だった。四つの銘柄のなかから選びさえすればよかった。それはゼニスラジオ、リットン・インダストリーズ、フェアチャイルド・カメラとベックマン・インスツルメンツだった。

表10.4

ゼニスラジオ	104ドル	×	500株	5万2247ドル
ベックマン・インスツルメンツ	66ドル	×	500株	3万3228ドル
フェアチャイルド・カメラ	128ドル	×	500株	6万4259ドル
リットン・インダストリーズ	112ドル	×	500株	5万6251ドル

わたしは長い間、この四銘柄に注目していた。わたしのテクノ・ファンダメンタリスト理論に関するかぎり、すべてが合格だった。残る問題はこのうちのどの二銘柄を選ぶかだけだった。唯一の方法は、市場における各銘柄の実力を判断することだった。一九五九年五月一三日、ユニバーサル・コントロールズとチオコールで大成功を収めた手法を使って、四銘柄すべてについて上のような試し玉をした（表10・4）。

銘柄のひとつひとつに、買値の一〇％安のところにストップロスオーダーを置いた。

ストップロスの基準があいまいで、また機械的すぎることは十分に承知していた。しかしこれは、ぎこちなくとも考え抜かれた方法である。意図してこの方法をとったのは、遅かれ早かれ四銘柄のうち最も弱いものが脱落すると考えたからである。

表 10.5

ゼニスラジオ			
104 ドル	×	500 株	5 万 2247.00 ドル
99 3/4 ドル	×	1500 株	15 万 0359.70 ドル
104 ドル	×	1000 株	10 万 4494.00 ドル
105 1/4 ドル	×	1000 株	10 万 5745.30 ドル
107 1/2 ドル	×	1500 株	16 万 1996.25 ドル
合計		**5500 株**	**57 万 4842.25 ドル**
フェアチャイルド・カメラ			
128 ドル	×	500 株	6 万 4259.00 ドル
123 1/4 ドル	×	1000 株	12 万 3763.30 ドル
125 ドル	×	1000 株	12 万 5515.00 ドル
126 1/4 ドル	×	1000 株	12 万 6766.30 ドル
127 ドル	×	1000 株	12 万 7517.00 ドル
合計		**4500 株**	**56 万 7820.60 ドル**

五月一八日、ベックマン・インスツルメンツが六〇ドルでストップアウトになったうえ、五月一九日にはほかに比べて成績が良くないリットン・インダストリーズを一〇六1/4ドルで処分した。そこで、残った銘柄のストップロス価格を調整した。

ほかよりも力強かったこの二銘柄に一〇〇万ドル以上の金額をつぎ込んだのは四月第四週のことだった。上のような買い付けを行った（**表10・5**）。

短期的な取引はこの際、度外視することにした。銘柄間の資

表10.6

1959年3〜4月		
売り　ユニバーサル・コントロールズ	52万4670ドル	
買い　テキサス・インスツルメンツ		54万1997ドル
1959年5月		
売り　チオコール・ケミカル	121万2850ドル	
買い　ゼニスラジオ		57万4842ドル
買い　フェアチャイルド・カメラ		56万7821ドル
受取額合計	173万7520ドル	
証拠金差額返済	27万4600ドル	
	146万2920ドル	
過去の投資から得た現金	7万0000ドル	
投資可能資金	153万2920ドル	
再投資額（委託証拠金率90%）		168万4660ドル

金の配分は上のようになった（**表10・6**）。

当時わたしは六軒のブローカーを使っていたが、そのうち三軒の口座を閉じた。そして、くつろいで保有銘柄の株価を監視した。テキサス・インスツルメンツとゼニスラジオ、それにフェアチャイルド・カメラが活躍している間は、わたしの出る幕はなかった。

六月の間、ウォール街とプラザホテルの間で電報が行き交った。その内容はウエスタンユニオンの電報オペレーターには何のことか分からなかったろうが、わたしには十分な意味を持っていた。例えば、六月九日には次のような電報を受け取った。

「Z　122½（124～116¾）　T　119¼（121½～117¼）　F　125（126～121）」

その翌日の電報は次のような内容だった。

「Z　132⅜（132½～125）　T　123¾（123⅞～120⅜）　F　130（130～126½）」

オペレーターにはうんざりするような、意味のない、象形文字同然の内容だったかもしれないが、わたしには多くのことを伝えてくれていた。この電報はわたしの投資がたった一日で一〇万ドルも価値が増えたことを伝えているのだ！

奇妙な生活が始まった。夜になると、プラザホテルの部屋で椅子に座って電報を読んではファイルに整理した。それ以上何もすることはなかった。気分は高揚し、落ち着きをなくしたが、一方で無力感を味わった。何年もかけて調査・研究した結果、月に向けて成功裏にロケットを打ち上げた科学者のような心境になった。科学者は今やどんどん高みに上昇していくロケットを見上げて、極めて大きな達成感に浸りながらも、同時に何とも言えないけだるい虚脱感を感じている。

科学者のように、わたしは傍観者として自分の株が高性能のロケットのように着実に上昇していくのを見守るほかなかった。

七月初め、モンテカルロの「スポーティングクラブ」から出演の依頼があった。喜んでそのオファーを受けた。さんざん神経を苛立たせたり、パニックに陥ったりしたあとで、静かに座っているだけの生活には少々退屈し始めたところだった。

ニューヨークを発つ準備を整える前に、ブローカーたちと会った。それぞれのブローカーと一緒にわたしの投資勘定を調べた。もしヨーロッパへ飛び立つ前に売るとすれば、二二五万ドル以上の金額になっていることが分かった。

この事実に接してわたしの心境はどうだっただろうか。得意満面だっただろうか。百万長者の二倍以上の資産を持って興奮しただろうか。いや、必ずしもそうではなかった。幸せではあったが、興奮はしなかった。ダイナースクラブで最初の一万ドルを儲けたときのほうが、ずっと興奮した。今回は厳しい試練をこなし、何度も敗北を経験した末に、やっと優勝に向かって疾走しているランナーのような気分だった。

同時に、以前経験したのと同じジレンマに直面することになった。売るべきだろうか。すべて手放したほうがよいだろうか。

今度の答えは簡単だった。それはすでに試してみて、間違いないと分かっている回答だった。上昇中の株を売らなければならない理由はない。トレイリングストップを背に、相場の流れに沿ってただ走り続けることになるだろう。相場のトレンドが上向きなら、買い増しをするだろう。もしトレンドが下落に転じればどうするのか。今までどおり、邪魔の入った泥棒のように逃げ出すことになろう。

持ち株のすべてに新たなストップロスを置いたので、ヨーロッパに向かう途中で株価が下落しても、売り抜けることでわたしの二〇〇万ドルは無傷で残っているだろう。

ブローカーの事務所を出てタクシーで五番街を走っていると、満足感と安心感がこみ上げてきた。

プラザホテルのロビーに足を踏み入れると、無意識のうちに夕刊を買い、ウォール街の終値のページだけを破り取って、残りの新聞は投げ捨て、午後六時の電報を受け取り、エレベーターに乗り込んだ。

部屋に入ると電報を開いて、破り取った新聞のページを広げ、ゆったりとくつろいで満足げにため息をついた。二〇〇万ドル儲けたからだけではなく、最も好きなことをしているからでもあった。

ウォール街が眠りについている間、わたしは仕事を続けていた。

『タイム』とのインタビュー
Interview with Time Magazine

それは一九五九年五月のことだった。スミス兄弟からブリランドというカナダ株で出演料を支払うという申し出があってから六年半たっていた。あたかも車輪がちょうど一回転したようだった。というのも、あのときと同じようにわたしはニューヨークの「ラテンクオーター」に再び出演していたからだ。

わたしの株式市場での取引ぶりが、どういうわけかウォール街で人のうわさに上るようになった。わたしが成功したという話がもれて、次第に広がっていたのだ。

ある日、驚いたことにタイム誌の経済部から電話がかかってきた。株式市場でわたしが成功したことを小耳にはさんだが、インタビューのために記者を送ってよいかという話だった。

翌日、記者がやってきたので、わたしは財産づくりの一部始終を語った。記者に帳簿や取引明細書、電報を見せてやった。彼はその資料を入念に調べたうえで、わたしの話に非常に感心したと言って帰っていった。

その翌日、その記者がまた戻ってきて、スタッフの経済専門家が非常に懐疑的で、わたしの話が本当であるわけはないと主張していると言う。

そう聞いても特に驚かなかったので、記者にもう一度事実を示す書類や数字を見せた。彼は五～六時間かけて調べ、帰っていくときにはすべての資料が正確だと納得したようだった。

やがて分かったのだが、これはタイム社内での論戦のほんの幕開けにすぎなかった。翌朝、その記者が昼食を一緒にしないかと誘いの電話をかけてきた。約束の三〇分前に再び彼から電話があって、編集主任が同席するという。主任が自分の耳でわたしの話の真偽をチェックしたいそうだ。

二人は一時に昼食の席に現れた。もう一度、わたしは投資の経緯を逐一説明した。主任は熱心に耳を傾けるあまり、テーブルの上の食事に手をつけないままだった。

午後四時を回り、話をすべて聞き終わったあと、やっと彼はサンドイッチをほおばった。五時になると、彼は記者と一緒に帰っていった。何も言わなかったが、明らかに彼も感心したようだった。あれだけ人の話に興味を示す人物に会ったのは初めてだった。

その日の夕方六時に、また電話があった。今度はタイムのウォール街の専門記者からだった。彼の話では、三人の編集スタッフがわたしにインタビューしたうえで、すべての事実をチェックして、全員がそろって検証したあとでなければ、編集局長がわたしに関する記事の掲載を認めないと言っているそうだ。非常に驚いたことに、局長はわたしのダンス公演をぜひ見ろと言ったという。

どうやら、局長はわたしの株式市場での成功を疑問視しただけでなく、何とダンスだってろくに踊れないだろうと思っているようだった！

午後七時、三人目の専門記者が尋ねてきた。最初、彼はわたしが話したことのすべてが、そして投資活動に関してわたしがそろえたすべての証拠書類が信じられないというように首を振っていた。彼はあらゆることを疑ってかかろうと決めていたようだ。

ジュリアとわたしが舞台で演じると、彼はわたしたちのダンスに感心したようだった。少なくとも、これで関門はひとつ越えた！

もうこれで三日間にわたって反対尋問を受けてきたので、いささか神経が参っていた。そのために自分の踊りが絶好調ではないことに気づいており、舞台の最後のほうでパートナーを持ち上げる力仕事の最中に右腕の筋肉をひどく痛めてしまった。だが、何とか舞台を終えることができた。

ウォール街の専門記者と向かい合って投資に関するこまごまとした厳しい質問を受けている間も、腕はひどく痛んだ。

質問は延々と――数時間も続いた。彼の質問はいつも同じところに戻ってきた。それは、なぜわたしが株式投資についてこれほど包み隠さずにしゃべるのかということだった。自分のやり遂げたことを誇りに思うからだ、とわたしは答えた。何も隠すことはないと思った。

もう真夜中を過ぎていたが、それまで長時間を費やしたにもかかわらず、〝尋問官〟は一切の飲み物を断った。彼は、わたしのシステムや記録に何か欠点がないか探し出すために頭を冴えた状態にしておきたいのだ、と正直に認めた。

午前二時、彼はボールペンを投げ出した。

「一杯やりましょう」と彼は言った。最後の疑問も氷解し、彼は納得した。記者はグラスを高く上げて、わたしの株式市場での成功に乾杯してくれた。

彼は午前四時に帰っていったが、その前にわたしにアドバイスを求めた。わたしは、株価が三九$\frac{3}{4}$ドルになったらという条件付きで、ある銘柄の買いを勧めた。そして、ストップロスを三八$\frac{1}{2}$ドルに置くように忠告した。この銘柄は、結局三九$\frac{3}{4}$ドルまで値上がりしなかった。彼はわたしの付けた条件を無視して、もっと安い価格で買うようなことをしなかっただろうか？　そうでないことをわたしは願った。この株はその後、二二ドルまで値下がりしたのだ！

翌週、わたしの記事がタイムに掲載された。言うまでもなく、同誌は非常に影響力の大きい読者層を持っており、特に金融界ではそうだった。その結果、わたしは正統派ではないにしても、株式市場で非常に成功した投資家として、大方の――無論すべてではない――金融界の専門家たちに認められた。それでこの本を書くことになったのだ。

もうひとつの結末は、筋肉をひどく痛めたことだった。ある医者は、ダンス公演を完全に断念しなければならないだろうと診断した。その医者は、わたしが二度とパートナーを持ち上げることができるかどうか疑問だと考えたのだ。

二週間後、わたしは舞台に立っていつものとおり公演をした。その後もずっと同じ公演を続けている。ウォール街の専門家と同じく、専門医でも時には間違いを犯すものだということを実証するかのように。

付録

Appendix

電報
Cables

二年にわたってダンス公演で世界中を旅行している間、ダーバスはウォール街との交信手段をもっぱら電報に頼らざるを得なかった。彼が最終的に株式市場で成功したのは、各種の投資手法を組み合わせて用いたことによるものだが、いろいろな不便はあったものの、その手法のなかでも電報はひとつの重要な要素だった。

以下に掲載するのは実際に交わされた電報のコピーである。彼がどのようにして地球上のいかなる場所からでも株式の取引ができたのかがよく表れている。電文のなかには取引のさまざまな典型的局面が示されているものもみられる。

図1

ダーバスがブローカーに対してある株式の価格の通知を依頼した場合、その銘柄は頭文字だけで表すように取り決めていた。電報局の職員をたびたび悩ませたのは、この暗号もどきの電文だった。

上の電報は、彼がパキスタンのカラチで受け取ったもので、ブローカーが、彼の買いのストップ（逆指値）注文が執行されたことを報告する内容である。同時に、彼が当時関心を持っていた銘柄、チオコール・ケミカル、ポラロイド、ユニバーサル・コントロールズおよびリットン・インダストリーズの当日の終値、高値、安値が記載されている。

買い注文を出す場合、彼は通常銘柄名を省略せずに書いた。下の電報はカンボジアのプノンペンから打電したもので、センコ・インスツルメンツを七¼ドルで五〇〇株、ロリラードを三一¼ドルで二〇〇株、それぞれGTC（キャンセルするまで有効）の条件付きストップ注文で買うように指示している。どちらの買いについても、いつものとおりストップロス（逆指値）をそれぞれ六⅛ドルと二九⅝ドルに置くようにとの指示が機械的に加えられている。さらに、ブローカーに次の電報の宛先を教えると同時に、センコ（CENCO）、

図1

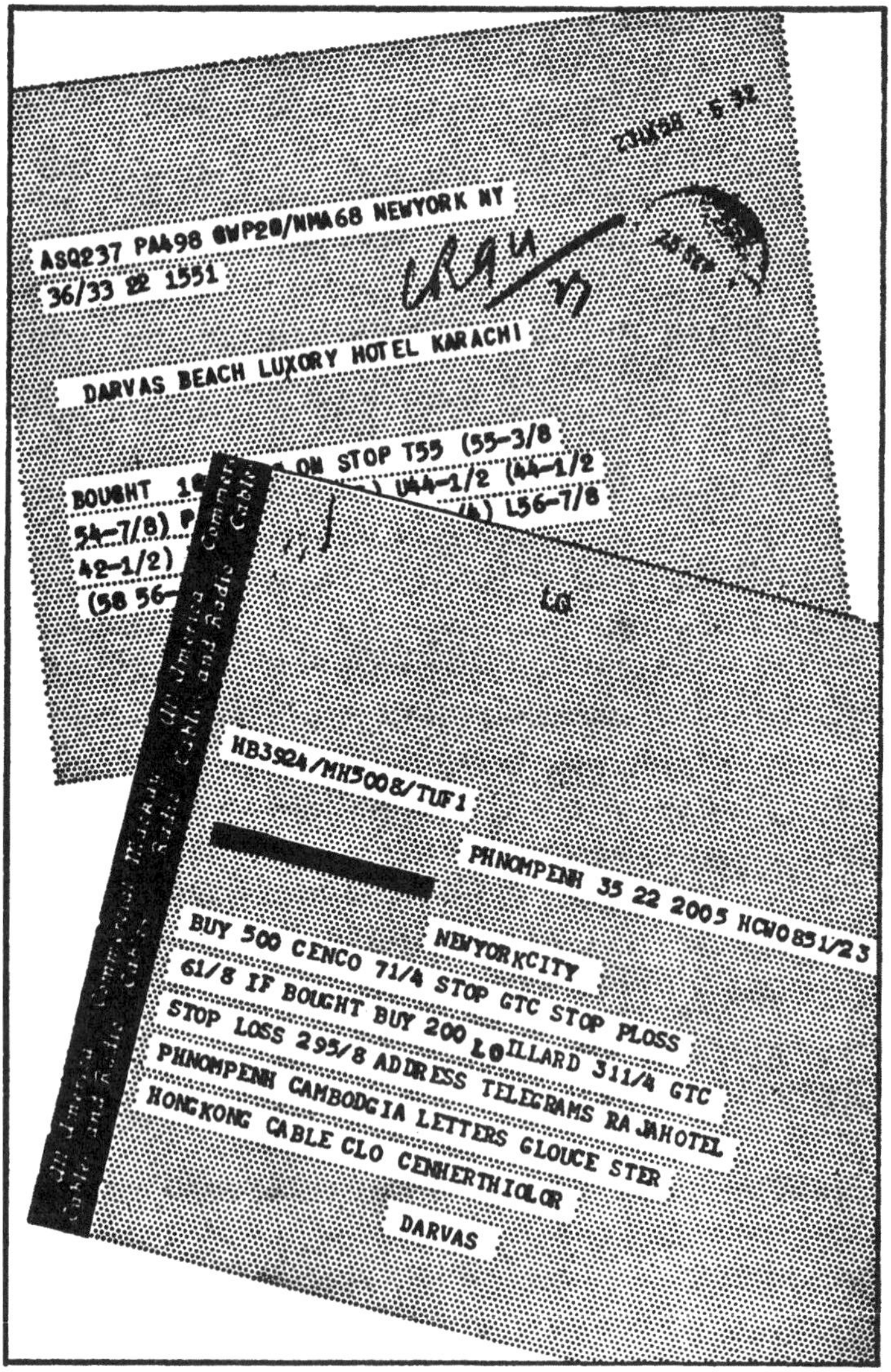
ASQ237 PA498 GWP20/NMA68 NEWYORK NY
36/33 22 1551
DARVAS BEACH LUXORY HOTEL KARACHI
BOUGHT
ON STOP T55 (55-3/8
U44-1/2 (44-1/2
L56-7/8
54-7/8)
42-1/2)
(58 56-
HB3924/MH5008/TUF1
[redacted]
PHNOMPENH 35 22 2005 HCW0851/23
NEWYORKCITY
BUY 500 CENCO 71/4 STOP GTC STOP PLOSS
61/8 IF BOUGHT BUY 200 LOILLARD 311/4 GTC
STOP LOSS 295/8 ADDRESS TELEGRAMS RAJAHOTEL
PHNOMPENH CAMBODGIA LETTERS GLOUCE STER
HONGKONG CABLE CLO CENHERTHIOLOR
DARVAS

ハーツ（HERTZ）、チオコール（THIOKOL）およびロリラード（LORILARD）の終値を知らせるように求めている。

図2

すべての買い注文には自動的に発動されるストップロスを置いたので、ある銘柄を買っても、その日のうちに手仕舞う結果になることがよくあった。上の電報はパリで受け取ったもので、ある銘柄を五〇〇株買い、株価がその後指定されたストップロス地点である五三⅞ドルまで下落したので売却したと報告している。もう一件の買い注文の執行が確認され、またボーイング、リットン・インダストリーズほかの銘柄の株価が記載されている。最後の数字はダウ平均で、数字が一部省略されている。

毎日知らされる相場に基づき、ダーバスは絶えず注文を変更したり、取り消したりした。真ん中の名古屋からの発電は、前述のダイナースクラブの買い付け株数を増やすよう指示している。しかし、あとで彼は全面的にこの買い注文を取り消した。

ダーバスとウォール街との接触は、毎日の電報を除けば、毎週発行と同時に航空便で送

図2

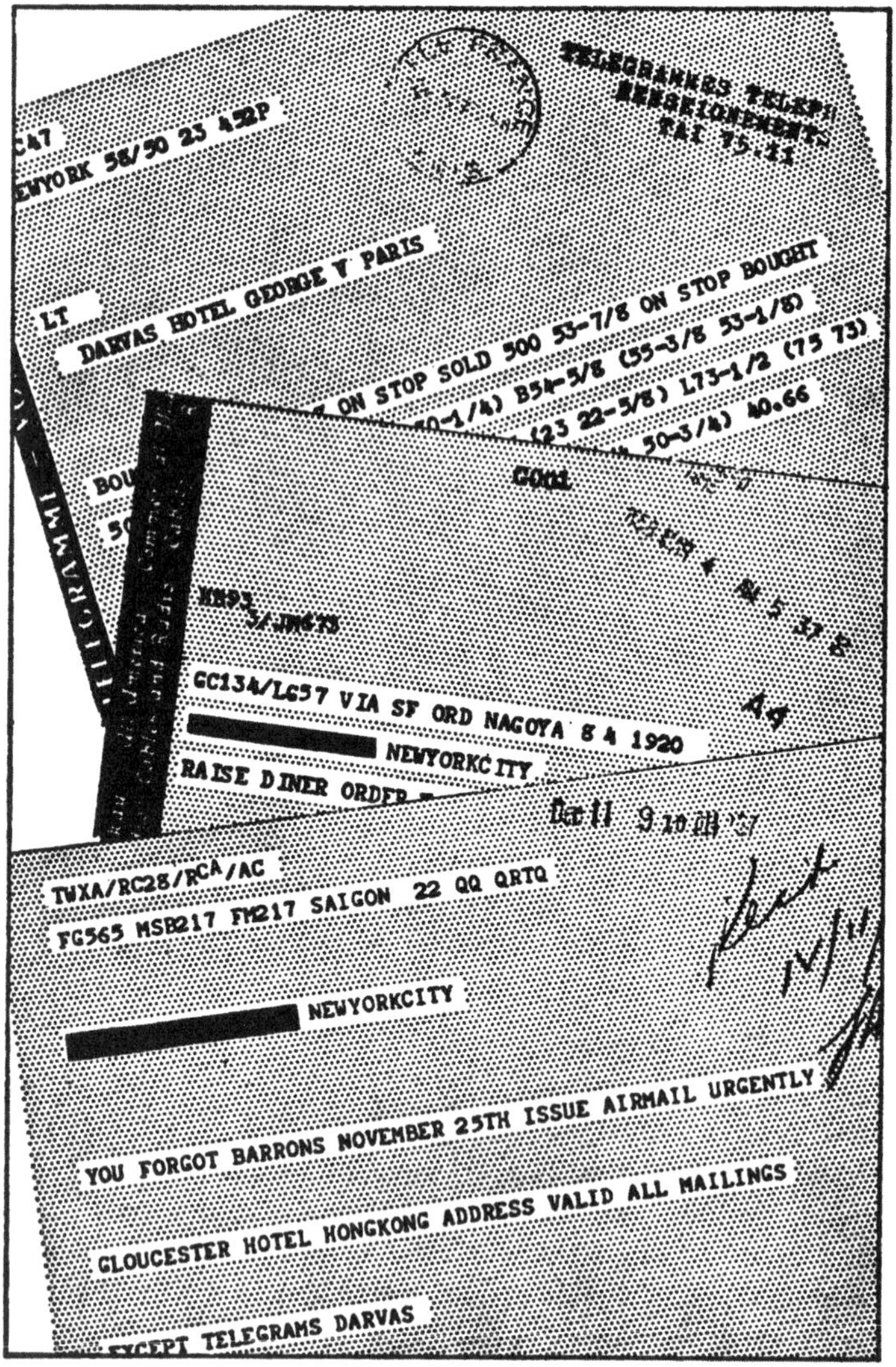
C47
EWYORK 58/50 23 452P
LT
DARVAS HOTEL GEORGE V PARIS
ON STOP SOLD 500 53-7/8 ON STOP BOUGHT
B54-5/8 (55-3/8 53-1/8)
(23 22-5/8) L73-1/2 (75 73)
50-3/4) 40.66
TELEGRAMM
GC134/LG57 VIA SF ORD NAGOYA 8 4 1920
[redacted] NEWYORKCITY
RAISE DINER ORDER
TWXA/RC28/RCA/AC
FG565 MSB217 FM217 SAIGON 22 QQ QRTQ
[redacted] NEWYORKCITY
YOU FORGOT BARRONS NOVEMBER 25TH ISSUE AIRMAIL URGENTLY
GLOUCESTER HOTEL HONGKONG ADDRESS VALID ALL MAILINGS
EXCEPT TELEGRAMS DARVAS

られてくるバロンズ紙だけだった。下の電報はベトナムのサイゴン（現ホーチミン）発のもので、この雑誌が定期的に送られてくるのをいかに頼りにしていたかを如実に示している。

図3

ダーバスは、直ちに行動を起こす必要があるような非常に重要な電報を移動中に見逃すことがないかと、いつも不安に思っていた。この問題は、ブローカーに乗り換え地点の空港と宿泊予定のホテルの両方に打電するように指示すればよいと気づいた時点で解消した。

図4

一件の買いのストップオーダーであっても、必ずしも全株数を同一の価格で取得できるとは限らない。相場の状況によっては、指定された買値またはそれ以上の価格から始まる複数の価格で、一〇〇株単位の買いが行われる。

図3

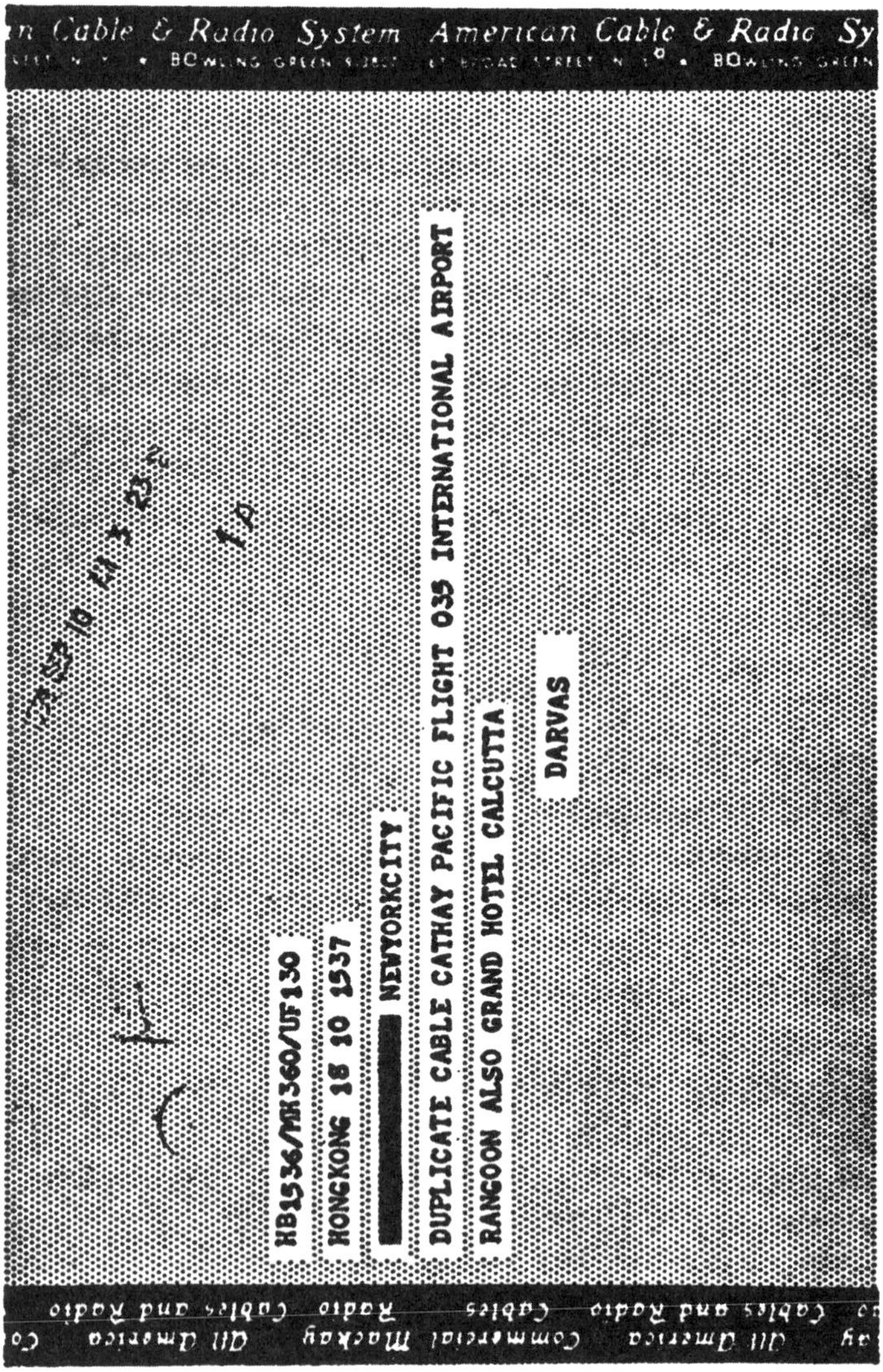

American Cable & Radio System

HB1536/MH360/UF130
HONGKONG 18 10 1537
[redacted] NEWYORKCITY
DUPLICATE CABLE CATHAY PACIFIC FLIGHT 035 INTERNATIONAL AIRPORT
RANGOON ALSO GRAND HOTEL CALCUTTA
DARVAS

図4

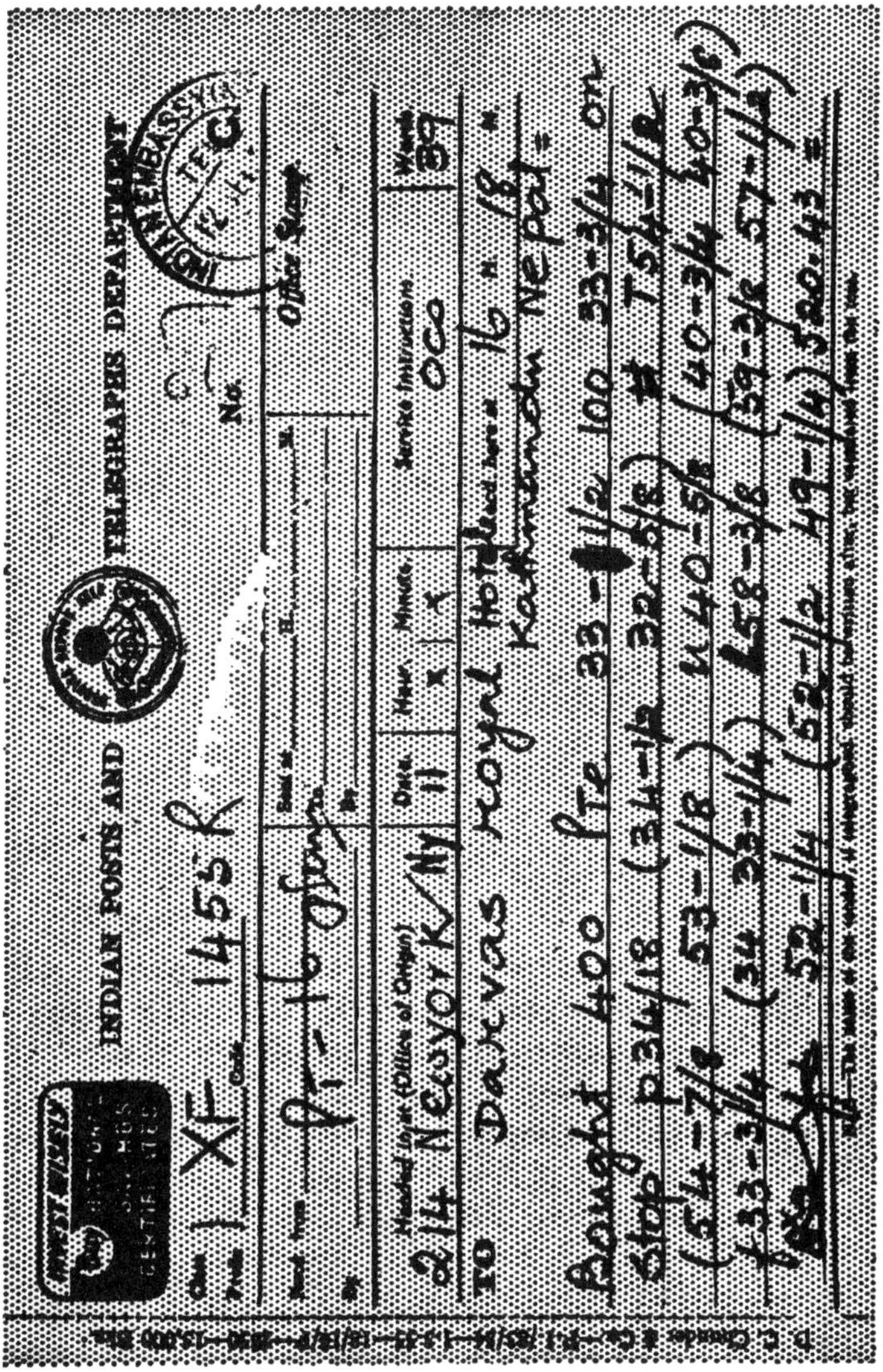

ネパールのカトマンズで受け取った電報は、パーメリー・トランスポーテーションの五○○株の買い注文が、四○○株は三三½ドル、一○○株は三三¾ドルと、二つの価格で執行されたことを伝えている。この株の終値は三四⅛ドルで、その日の変動幅は三四½～三二⅝ドルだった。

カトマンズで電報を受け取るには、彼と外界を結ぶ唯一の電信経路であったインド大使館まで取りに行かなければならなかった。電文はすべて手書きで、ダーバスによると、この**図4**の電文はその他大多数のものと比べ、例外的に読みやすかったそうである。パーメリー、チオコール、フェアチャイルド・カメラ、リットン・インダストリーズの株価ははっきりと読み取れる。最後の銘柄に関しては、当時のダーバスには読めていたはずだが、今では彼にも識別不可能だという。

図5

ダーバスがまずある銘柄に興味を持つようになるのは、バロンズに掲載された株価の記録に基づいてのことだった。しかし、この雑誌が手元に届くまで五～六日かかるので、その銘柄の最新の株価の動きを知るためには電報で直近情報を得る必要があった。

ある小さな会社の株式の取引高が異常な大きさになっていることに最初に気づいたのは香港にいるときだったので、彼はそこから電報を打ってイー・エル・ブルースの「今週の値幅と今週の終値」（WERAGECLO）を求めた。その当時、彼は純粋にテクニカルな理由で選び出したこの株式がほぼ三〇万ドルにも上る利益をもたらすとは夢にも思っていなかった。

図6

ある銘柄の日々の値動きが自分の理論どおりのパターンに当てはまるようになると、ダーバスは通常少量の試し玉を行った。その株式の動きについて本当に「感覚」をつかむためには、それを実際に保有してみたほうがよかったからだ。すべてのストップオーダーについて、ブローカーにはキャンセルするまで有効という一律の指示を与えていたので、試し玉については特にデイオーダー（当日に限り有効＝DAYORD）という条件を付けることが多かった。

図5

WESTERN UNION

UAL172 WC212 HONGKONG 5 2 2052 =

[redacted] NEWYORKCITY =

VERAGECLO BRUCE =

DARVAS

図6

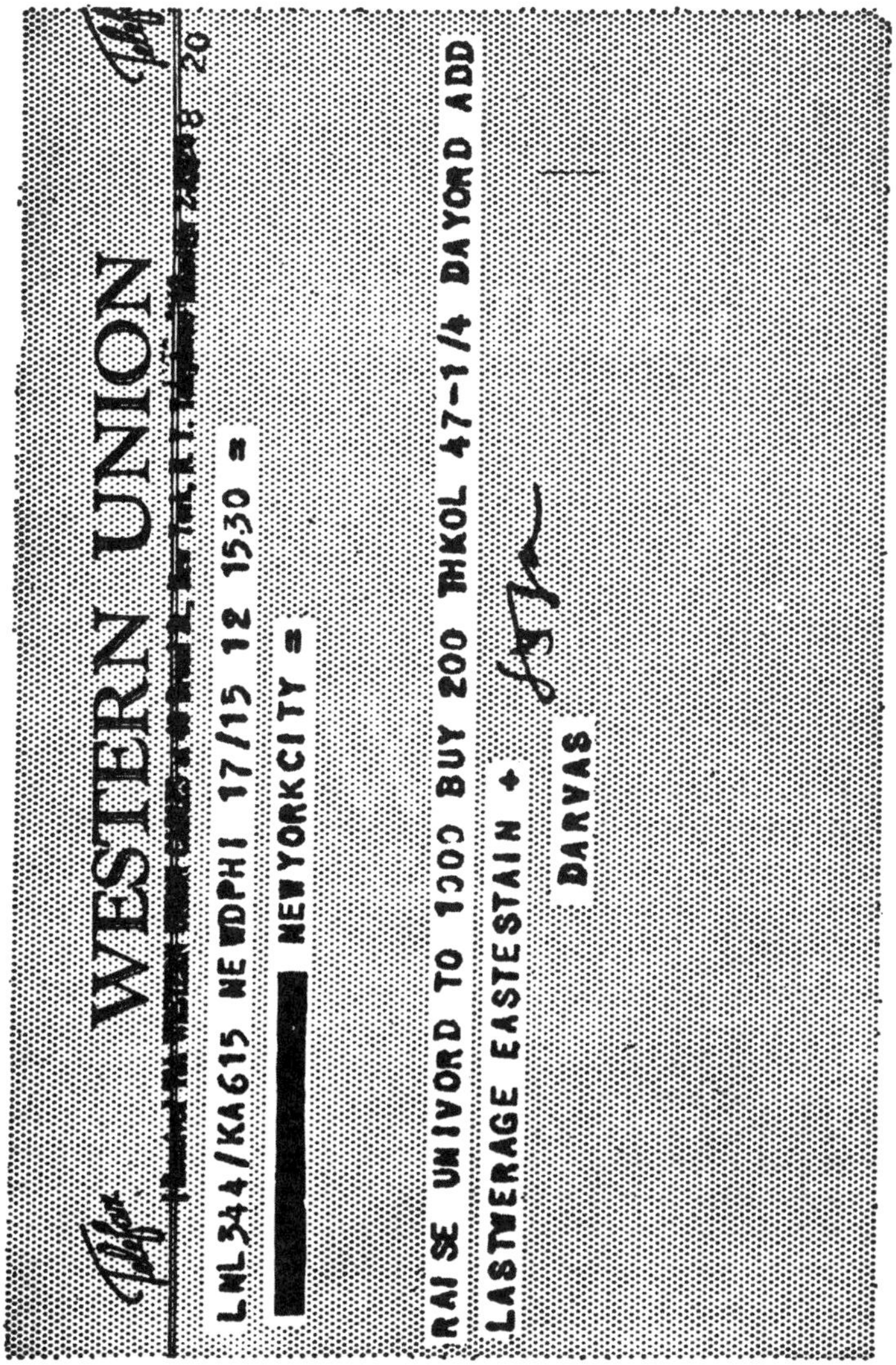
WESTERN UNION

LNL344/KA615 NE WDPHI 17/15 12 1530 =

[redacted] NEWYORKCITY =

RAISE UNIVORD TO 1000 BUY 200 THKOL 47-1/4 DAYORD ADD

LASTWERAGE EASTESTAIN +

DARVAS

ニューデリーから打電された、チオコール・ケミカルを四七¼ドルで二〇〇株買えというわずか数語の注文が、やがて一〇〇万ドルに近い価値を生むことになる。この試し玉を手始めとして、ダーバスは最終的にこの単一銘柄で一〇〇万ドル以上の金額を手に入れた。

この電報のなかで、ダーバスはユニバーサル・プロダクツの買い付け株数を増やそうとしているが、その後間もなく機が熟していないとしてその指示を撤回した。しかし、その次の四週間で実際にダーバスはこの株式を三〇〇〇株買い付けた。

電報の最後では、イースタン・ステンレス・スチールの前週の価格変動幅を通知するよう依頼している。

図7

試し玉のあと株価が期待どおり堅実なパターンで動きを続けたときには、ダーバスはその銘柄を追加で買い付けた。

神戸から送られたこの電報は、三回目となるロリラードの二〇〇株の買い増し注文を出したものだ。ダーバスの一連のロリラード株買い付けは、その後一八カ月で二〇〇万ドル

図７

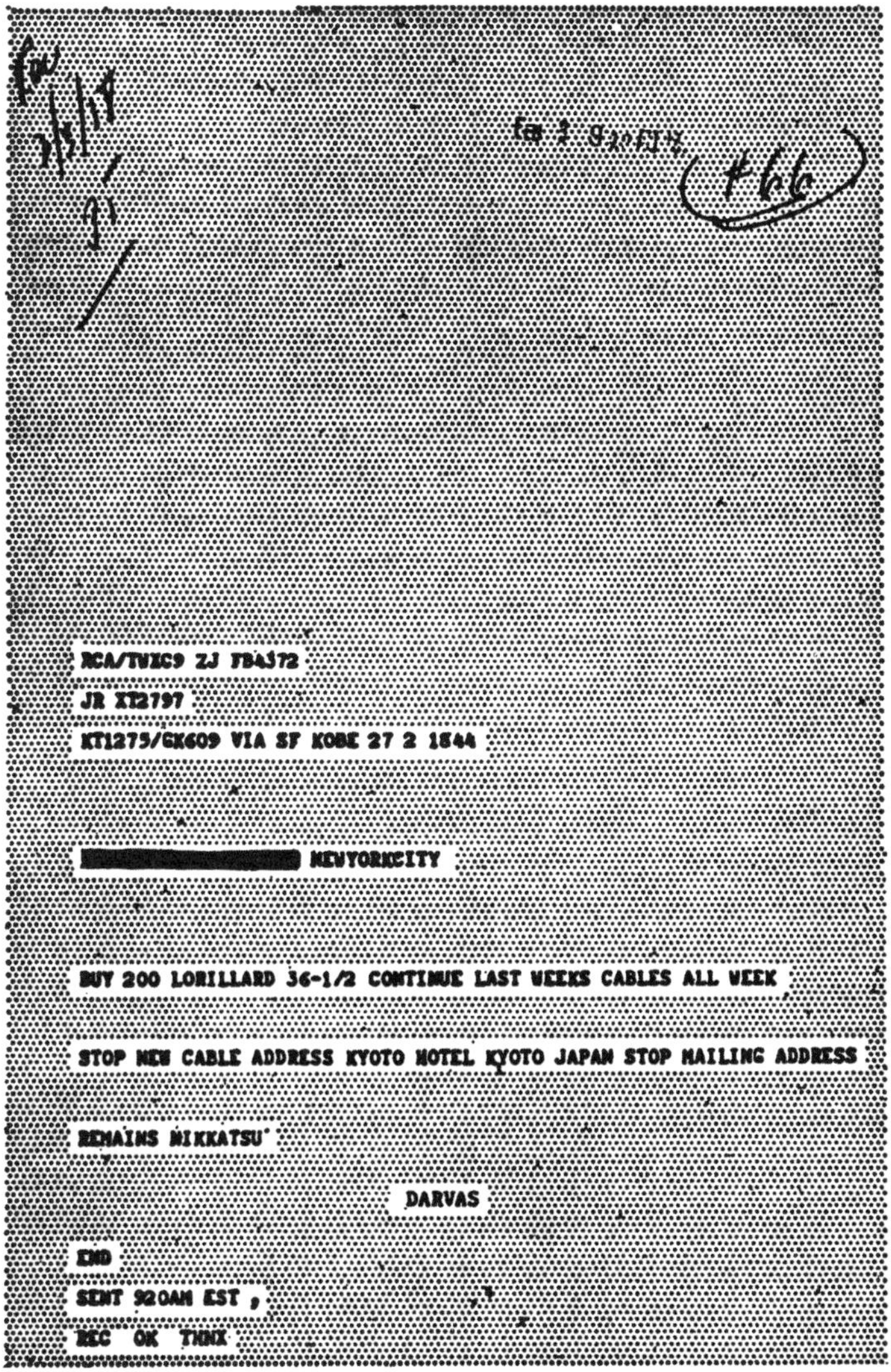

RCA/TWXC9 ZJ FB4372
JR XT2797
KT1275/GK609 VIA SF KOBE 27 2 1844

[redacted] NEWYORKCITY

BUY 200 LORILLARD 36-1/2 CONTINUE LAST WEEKS CABLES ALL WEEK
STOP NEW CABLE ADDRESS KYOTO HOTEL KYOTO JAPAN STOP MAILING ADDRESS
REMAINS NIKKATSU

DARVAS

END
SENT 920AM EST ,
REC OK TNNX

を超すまでになり、彼の投資における成功の礎石となった。

図8

投資資金が増えるにつれて、いったん確信が持てれば単一銘柄に投資する金額も増えた。ユニバーサル・プロダクツ三〇〇株を三五 1/4 ドルで試し買いをしたあと、ダーバスはこの知名度の低い会社の株式の持続的な動きにすっかり満足し、二回目には一二〇〇株の買い増しを行った。

この電報は、彼のストップオーダーが指値どおり三六 1/2 ドルで執行されたことを伝えるとともに、ユニバーサルのその日の値幅と終値を知らせている。

さらにハンブル・オイル、イースタン・ステンレス・スチール、リットン・インダストリーズ、チオコールおよびフェアチャイルド・カメラの価格を連絡している。最後のフェアチャイルドには二八ドルという数字しか書いていない。三・五八とあるのは、ダウ平均が五〇三・五八ドルであるという意味である。

図8

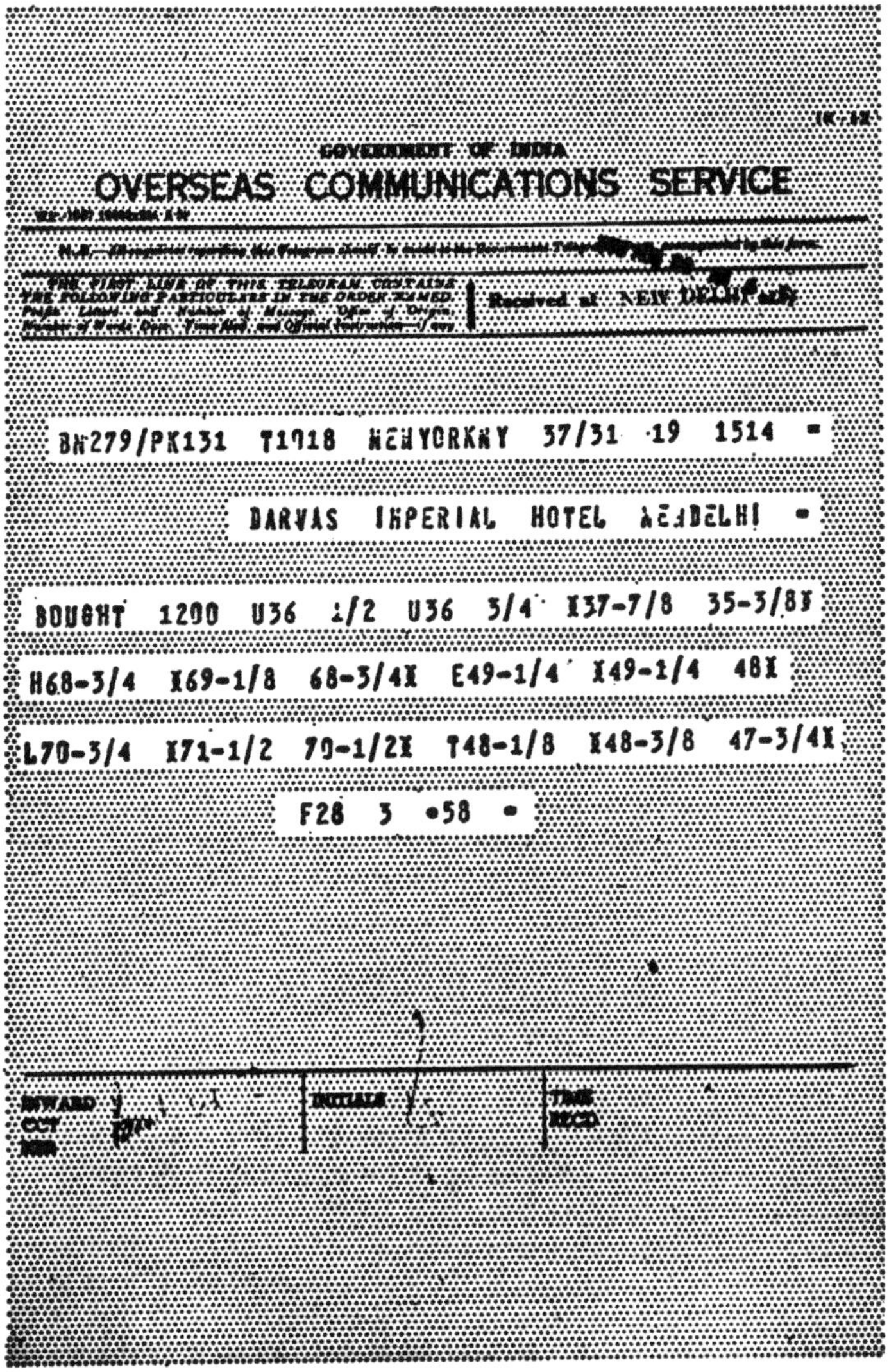

GOVERNMENT OF INDIA

OVERSEAS COMMUNICATIONS SERVICE

THE FIRST LINE OF THIS TELEGRAM CONTAINS THE FOLLOWING PARTICULARS IN THE ORDER NAMED: Prefix, Letters and Number of Message, Office of Origin, Number of Words, Date, Time filed, and Official Instructions—if any.

Received at NEW DELHI

BN279/PK131 T1918 NEWYORKNY 37/31 19 1514 =

DARVAS IMPERIAL HOTEL NEWDELHI =

BOUGHT 1200 U36 1/2 U36 3/4 X37-7/8 35-3/8X

H68-3/4 X69-1/8 68-3/4X E49-1/4 X49-1/4 48X

L70-3/4 X71-1/2 70-1/2X T48-1/8 X48-3/8 47-3/4X

F28 3 58 =

INITIALS

TIME RECD

図9

ダーバスは、ある株式に投資するといつも株価が上昇するに従って慎重にストップロスを移動させた。株価とストップロスの関係が非常に柔軟であったのは、判断すべき変動要因が多かったからである。

それまで順調に上昇していたダイナースクラブの値動きに不安を感じるようになったのは、一九五八年四月の初め、彼が香港にいたときだった。

この電報で彼は、ダイナースクラブのストップロスをかなりきつめに置き換えるよう指示しており、そうすることで、株価が突然の大暴落に見舞われたときにも相当な利益を残して売り抜けることができる。

図9

RADIOGRAM VIA GLOBE
HONGKONG VIA GLOBE
[redacted] NEWYORKCITY
STOPLOSS 500 DINER 36-3/8
500 36-1/4
DARVAS
RADIOGRAM VIA GLOBE

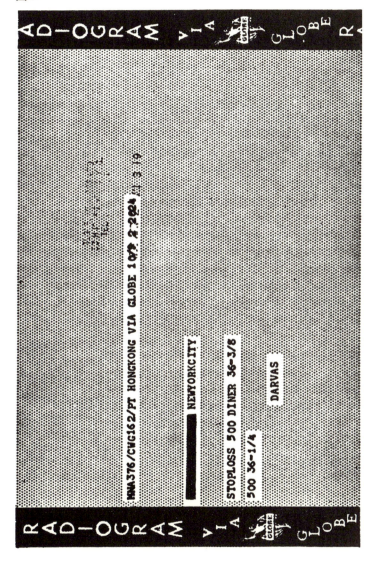

チャート
charts

以下のページに掲載した一連のチャートはアメリカン・リサーチ・カウンシルが作成したもので、ニコラス・ダーバスに二〇〇万ドルの純益をもたらした株式のうち、重要なものについて週次の価格と出来高を示している。ダーバスが二〇〇万ドルを稼いだのは一八カ月強の間の出来事だったが、このチャートは一九五七年から一九五九年の丸三年分を記録している。これは、ダーバスが保有していた期間およびその前後の期間に、それぞれの株式がどのような動きをしていたかを時間的経過とともに見ようという趣旨である。

さらに、本書の編集者が注釈をつけて、ダーバスが本文で明らかにしたテクノ・ファンダメンタリスト理論に基づいて行った各銘柄の選択の理由や買いのタイミング、トレイリングストップロス（価格の上下に合わせて断続的に指定価格を変更する逆指値注文）の使い方についての説明を試みた。

チャートは、各銘柄が本文で述べられた順序で掲載されているので、読者は容易にダーバスの取引の過程をたどることができよう。

ロリラード

ダーバスはこの株式の出来高が急激に増加したことに気づいて、つまり「マーケットが下落を続ける泥沼のなかで、灯台にともる火のようにロリラードが現れた」ことに気づいた（A）の時点で、毎日の相場を知らせるように依頼した。

最初に二〇〇株のロリラード株を二七 $\frac{1}{2}$ ドルで買い（B）、ストップロスを二六ドルという非常にきつめの地点に置いた。その数日後に株価が大きく下げ（C）、このストップロスに引っかかって売却されてしまった。

しかしその直後に株価が上昇したので、ダーバスは最初の評価が正しいことを確信し、再び二〇〇株を二八 $\frac{3}{4}$ ドルで買った（D）。

「ボックス」が積み重なっていったので、ダーバスはさらに四〇〇株を三五ドルと三六 $\frac{1}{2}$ ドルで買い増した（E）。株価は間もなく、四四 $\frac{3}{8}$ ドルの新高値に達した。

二月一八日に三六3/4ドルの安値まで急落したことに驚いた彼は、ストップロスを三六ドルまで引き上げた。このストップロスには引っかからず、株価は直ちに上昇のモメンタムを得たので、彼はさらに最後の買いとなる四〇〇株を三八5/8ドルで取得した（F）。

ロリラードの株価と出来高がめざましい上昇と増加を続けている間、ダーバスは早く売って利益を確保したいという強い誘惑に駆られた。しかし、「値上がりしつつある株を売る理由がない」という自らの理論の基本原則を固く守り、上昇した株価から安全な距離を保ってストップロスを置き換えていった。

株価が五三3/8ドルまで急落した六月、ストップロスが非常にきつめに置かれていれば売られてしまう可能性はあったが、それ以外にはさしたる問題もなかったので、ダーバスが年末に八〇ドル台という驚異的な高値になるまでロリラードを保有しようと思っていたなら、それも可能だったはずだ。

しかし、五月にほかの株式の動きに強い関心を持つようになり、そのためにすべての投資資金をかき集める必要が生じた。彼が五月初旬に一〇〇〇株のロリラードを五七3/8ドルで売却して（G）、二万一〇〇〇ドルというそこそこの利益を手にしたのは、こういう理由からだった。これでイー・エル・ブルースの株を買い進む準備が整った。

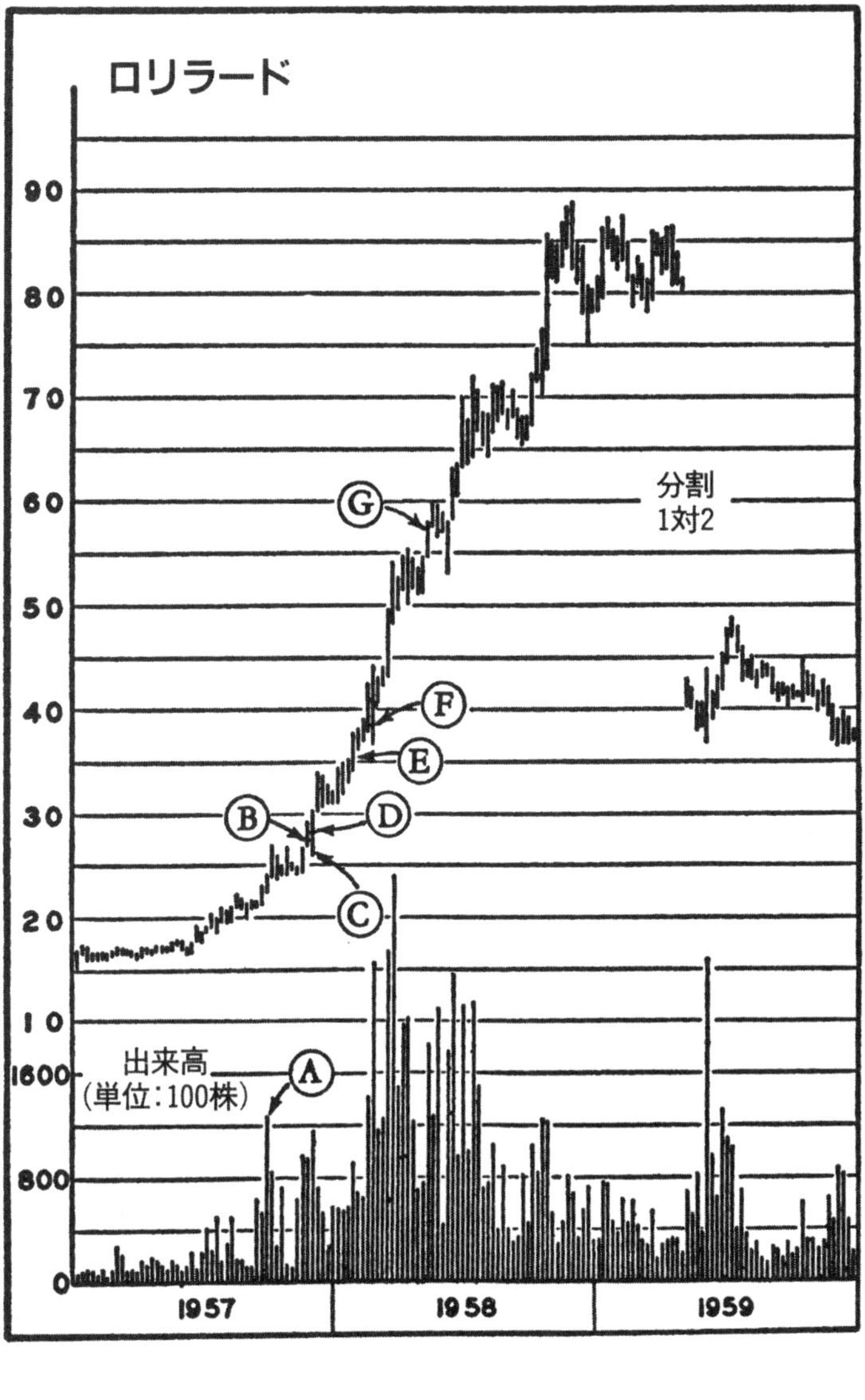
ロリラード
90
80
70
60
50
40
30
20
10
1600
800
0
分割
1対2
出来高
(単位：100株)
A
B
C
D
E
F
G
1957
1958
1959

ダイナースクラブ

この株式が価格上昇パターンを見せていた一九五七年前半、その出来高は価格と違って増えていなかった。ダーバスが、ダイナースクラブに真剣に興味を持つようになったのは、一対二の株式分割後、出来高が突然急増したときだった（A）。彼は、この会社が新規分野の先駆者で収益力においても明らかな増加傾向にあることを知った。

この「ファンダメンタルズ」上の利点に満足して、五〇〇株を二四 1/2 ドルで買った（B）。その数日後、株価が続伸したので、さらにもう一〇〇株を二六 1/8 ドルで買い増した（C）。彼は、「ボックス」が積み重なって展開するパターンと、それに伴って出来高が著しく増加するのを見て満足した。株価の上昇につれて、ストップロスも二七ドルから三一ドルへと引き上げた。

四〇 1/2 ドルという新高値に達したとき、ダーバスにとって「この株式は上昇意欲を失ったかのようだった。ピラミッドの最上段から飛び降りようかどうかためらっているように見えた。今にも転落しそうだった」という状況に思えた。暴落を恐れて、ダーバスはストップロスを三六 3/8 ドルに引き上げた。

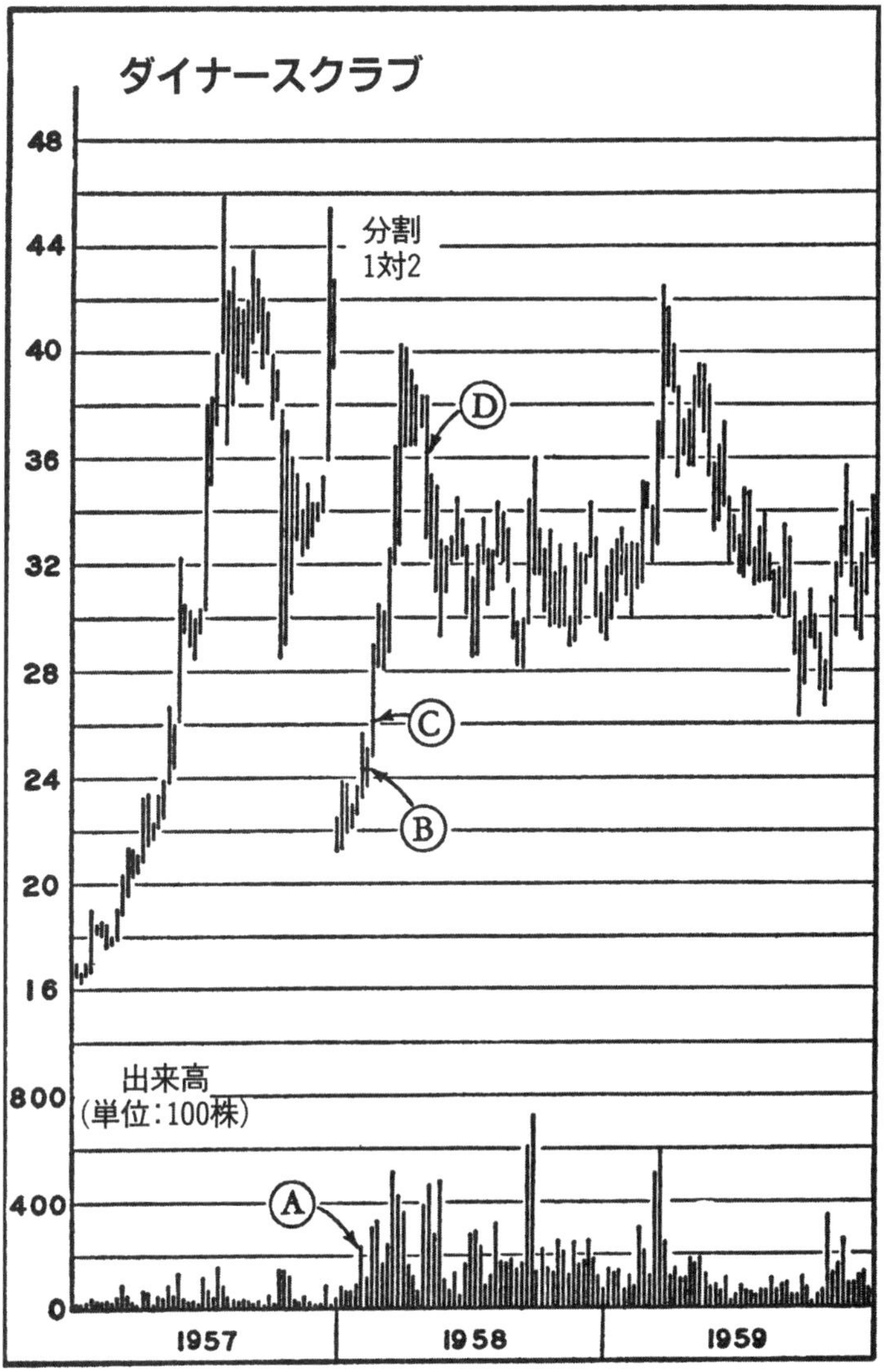
ダイナースクラブ
48
44
40
36
32
28
24
20
16
分割
1対2
D
C
B
A
出来高
(単位：100株)
800
400
0
1957
1958
1959

163

四月の第四週、「保険を掛けておいた出来事が起きた」。ダイナースクラブは突然暴落したが、ダーバスは売り抜けて（D）一万ドルを超す利益を上げた。

彼のとった行動は純粋にテクニカルな理由に基づいたもので、当時アメリカン・エキスプレスが、ダイナースクラブに正面から立ち向かうためにクレジットカードの分野へ参入しようとしていたことをまったく知らなかった。ダーバスが、自分のテクニカルアプローチには間違いがないことを確認したのは、このとき正しいタイミングで取引ができたことによるものだった。

イー・エル・ブルース

ロリラードとダイナースクラブに全資金を投資したとき、ダーバスは突然、「メンフィスに本社があるイー・エル・ブルースという小さな会社の株に並々ならぬ興味がわいてきた」（A）。その会社は、彼のファンダメンタルズ上の条件には合致しなかったが、「テクニカルな面での動きが非常に魅力的だったので目をそらすことができなかった」。

株価は一八ドルから五〇ドルへと驚くべき急上昇を遂げた直後に四三½ドルまで反落し

た。しかし、ダーバスの鍛えられた目には「この反落は一時的なもので、燃料補給をしているように思えた」。ファンダメンタルな条件には欠けていたが、もし五〇ドルを超えればできるかぎり買おうと決心した。「上昇のリズムも失われていなかった」ことで確信を持った彼は、ロリラード株をすべて売り払い、直ちにブルースに投資すべく資金の準備を整えた。

三月末からの三週間で合計二五〇〇株を買い付け、その平均価格は五二ドルだった（B）。チャートが示すように、このタイミングは完璧だった。ブルースの株価は「まるで磁石で引き上げられるように上昇を始めた。……まことに壮観だった」。株価が七七ドルに達したときは「遠く離れたインドにいても、アメリカン証券取引所で何か途方もないことが起きつつあることは明白だった」。

まさに途方もない状況だった。この会社のバリュー（資産価値）に基づいて空売りをした投資家は、自分たちのポジションを買い戻そうと必死になっていた。取引所での売買は停止になったが、ダーバスは店頭市場で一株当たり一〇〇ドルで売らないかと持ちかけられた。そのときに彼が下したのが「生涯でも最も重大な決断のひとつ」だった。彼は「値上がりしつつある株」の売却を拒絶した。数週間後、彼は平均一七一ドルという価格で売

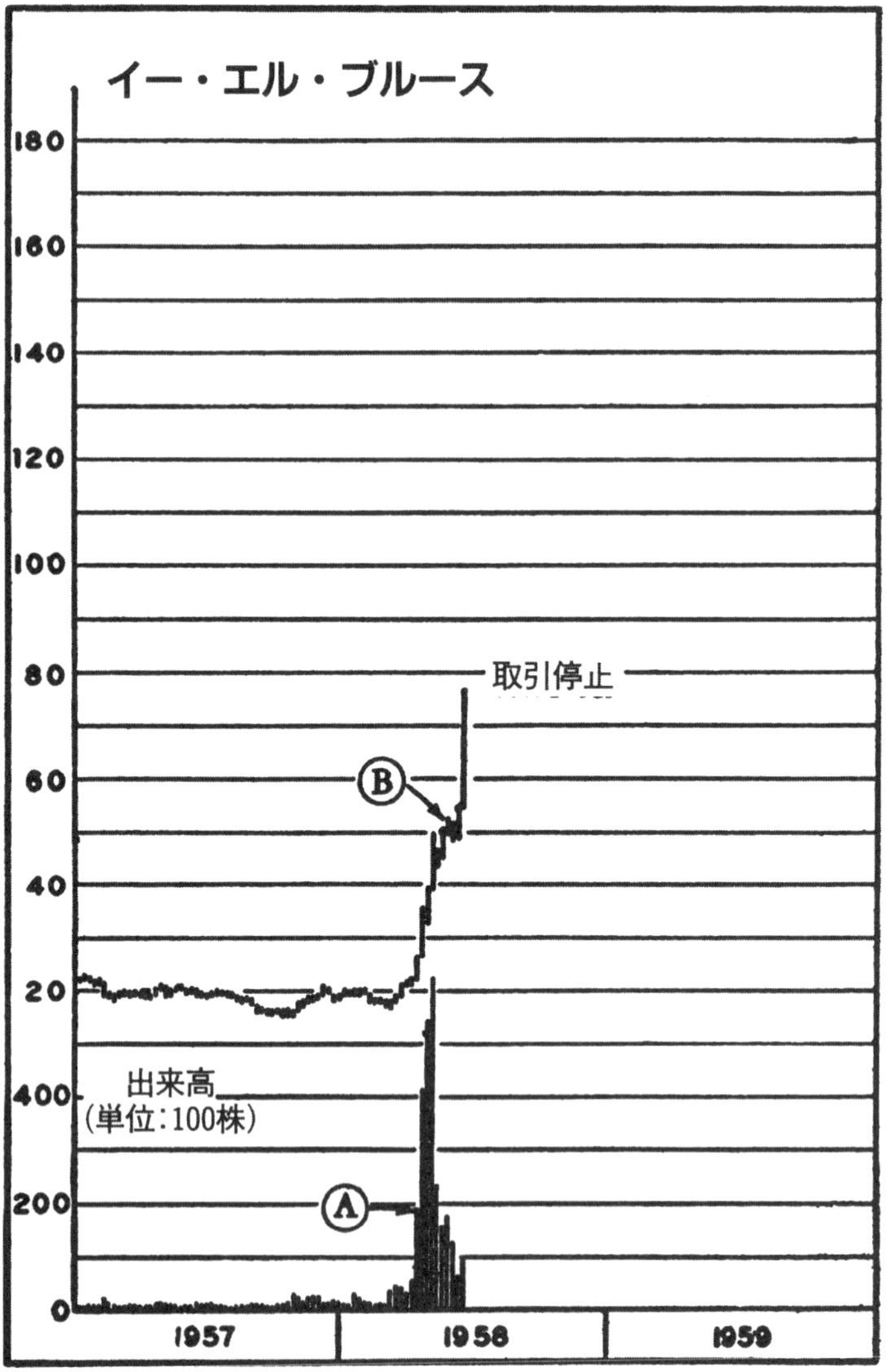

イー・エル・ブルース
180
160
140
120
100
80
60
40
20
取引停止
B
出来高
(単位:100株)
400
200
A
0
1957
1958
1959

って二九万五〇〇〇ドルの利益を手にした。

ユニバーサル・コントロールズ

「ユニバーサル・プロダクツという聞いたこともない名前の会社」が、ダーバスの目にとまったのは一九五八年七月のことで、突然同社の出来高が急増し（A）、それにつれて株価も三〇ドル以下から三二〜三六ドルにまで値上がりした直後だった。

八月初旬、彼は慎重に三五1/4ドルで三〇〇株の試し玉をした（B）。その二週間後、株価が「堅調になってきた」ので、三六1/2ドルで一二〇〇株を買った（C）。さらに上昇したので、数日後四〇ドルで追加の一五〇〇株を取得した（D）。

その後間もなく、会社名がユニバーサル・コントロールズに変更となり、株式が一対二に分割されたので、彼の持ち株数は六〇〇〇株になった。

一九五九年一月にニューヨークへと戻ったダーバスは、一連の投資によって破滅への道を突き進んだ。幸いにもユニバーサル・コントロールズはこの間も素晴らしい活躍ぶりで、彼に一瞬たりとも心配をかけるようなことはなかった。

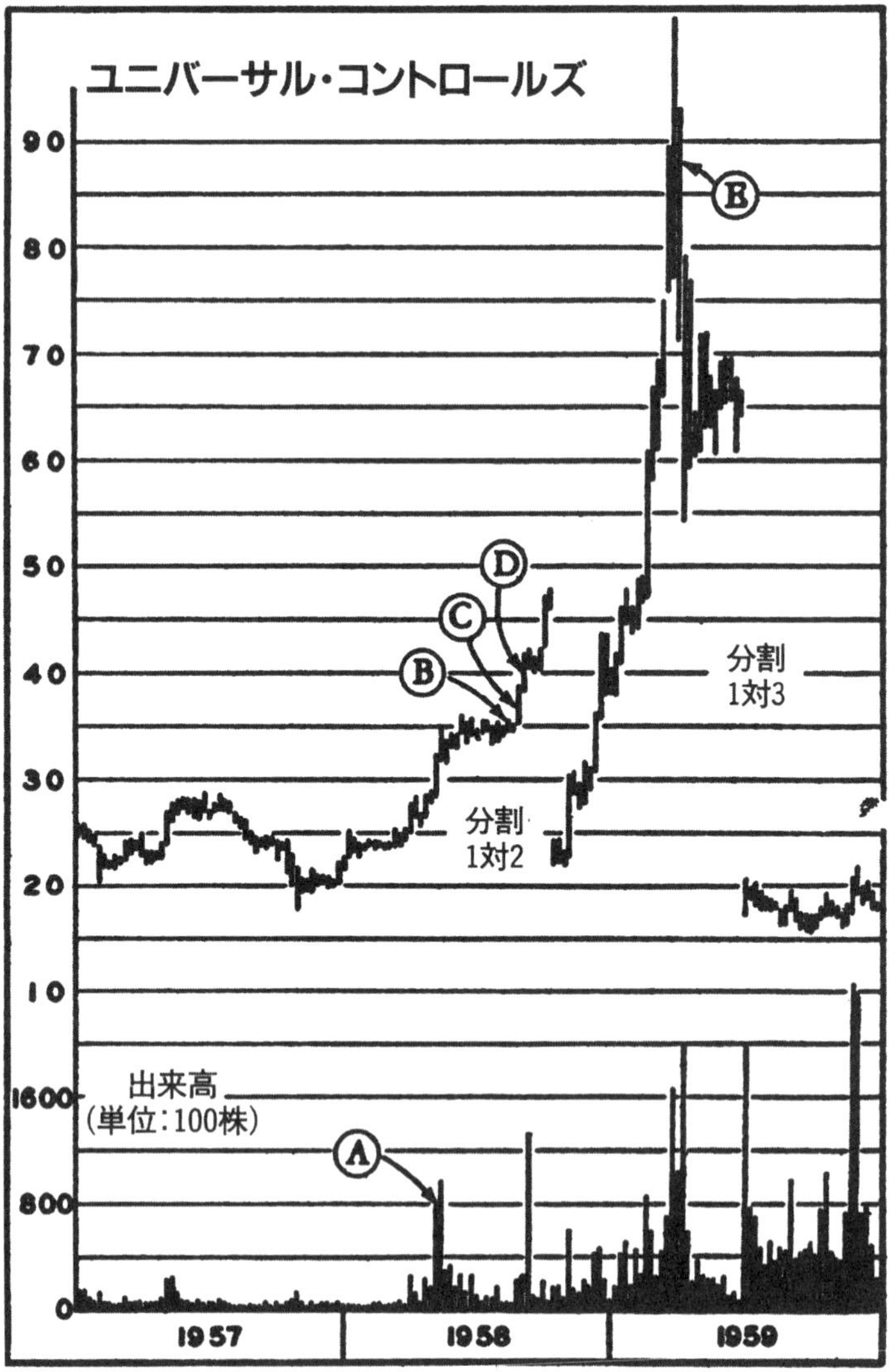

ユニバーサル・コントロールズ
90
80
70
60
50
40
30
20
10
1600
800
0
E
D
C
B
A
分割
1対3
分割
1対2
出来高
（単位：100株）
1957
1958
1959

しかし三月になるとユニバーサルに何かが起き始め、それは「面倒なことが起こる兆候であり、そして実際に災難が降りかかった」。三週間で六六ドルから一〇二ドルへと激しい急上昇を見せたあと、「モメンタムが逆転し、反対方向に向かい始めた。エアポケットに入ったように下落し、上昇の兆しがまったくなくなった」。

ダーバスは同様の状況のときダイナースクラブでとったのと同じ方法を試みた。前日の終値のすぐ下までストップロスを引き上げ、そして売り抜けた（E）。売却価格は八六 1/4 ドルから八九 3/4 ドルの間に分散しており、最高値から一二ポイント以上安い価格だったが、彼は「十分に満足だった。不満を感じる理由はなかった。ずいぶん長く付き合ったし……利益は四〇万九三五六・四八ドルになった」。

チオコール・ケミカル

ダーバスは一九五八年初めの東京で、一対二の株式分割後この株式の取引が突然非常に活発になったのに気づいた（A）。その後数カ月、動きは落ち着いていたが、ダーバスにとってその「静かな様子」は「嵐の前の静けさ」を感じさせるものだった。

毎日の株価の連絡を受けるようになってから間もなく、チオコールは四五ドルを過ぎた辺りから「さらに高値への跳躍を目指して筋肉を収縮させているようだった」ので、四七$\frac{1}{4}$ドルで二〇〇株の試し玉を行った（B）。株価は四週間にわたって五〇ドルに向けて続伸し、やがて間もなく五〇ドルを突破しそうだと思った時点で一三〇〇株を四九$\frac{7}{8}$ドルで取得した（C）。

この買いの直後、チオコールは新株引き受け権を発行した。霊感を受けたような一連の取引ぶりが本文で詳しく述べられているが、ダーバスはこの新株引き受け権を行使する際に利用できる非常に寛大な与信制度を最大限活用した。この引き受け権を七万二〇〇〇枚購入して（原資は最初に買った一五〇〇株を五三$\frac{1}{2}$ドルで売却した金額）、彼は一株当たり四二ドルの引き受け価格でチオコール株を六〇〇〇株取得した（当時の市場価格は五〇ドル台の半ばだった）。この全株の取得のための購入価格は三五万ドルだったのに対して、彼の現金支出はわずか一一万一〇〇〇ドルで済んだ。

三カ月後（D）、ブローカーが電報で彼のチオコール株への投資が二五万ドルの利益を生んでいると知らせてきた。誘惑にさいなまれながら彼がパリの街を歩き回っていると「体の組織のひとつひとつが『売れ、売れ』と言っているようだった」――しかし、彼は手放

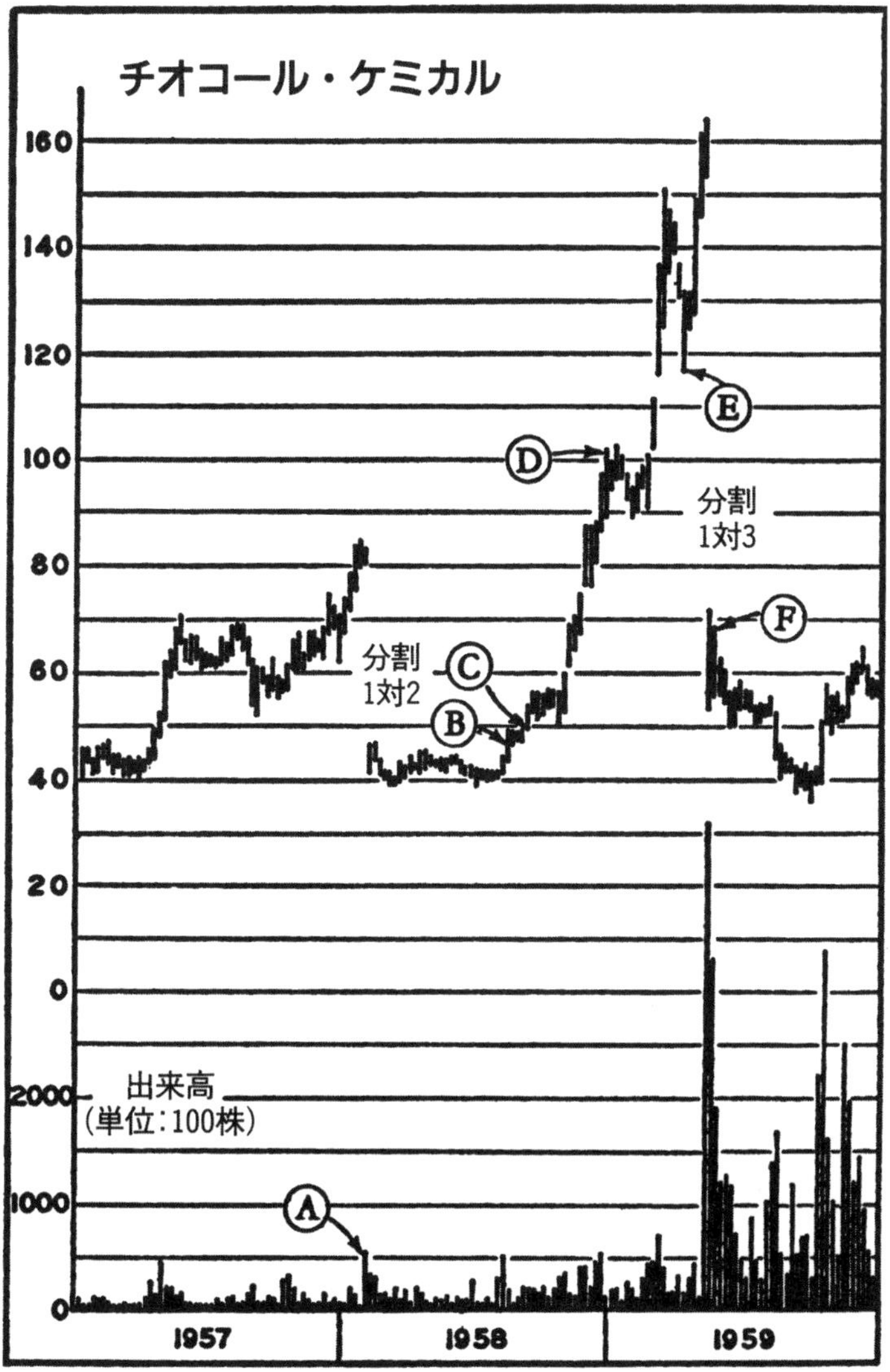
チオコール・ケミカル
160
140
120
100
80
60
40
20
0
2000
1000
0
出来高
（単位：100株）
分割
1対2
分割
1対3
A
B
C
D
E
F
1957
1958
1959

さなかった。

もちろん、ダーバスは株価の上昇に合わせてストップロスを引き上げることをいっときも忘れはしなかったが、チオコール株にはほかの株式よりも大きな値動きの余地を認めていたので、（E）のような短期的な反落が起きてもストップアウト（ストップに引っかかっての手仕舞い）になる危険性はなかった。その後も、そして五月初旬に一対三の株式分割があったあとも株価は上昇し、七二ドルという高値にまで上り詰め、あまりに取引が過熱したのでニューヨーク証券取引所はついにこの株式についてすべてのストップおよびストップロスによる売買注文の取引を禁止した。この措置はダーバスにとっては、「最も強力な武器を取り上げられてしまったので、わたしも丸腰で取引することはできなかった」ことを意味した。

彼は、分割の結果一万八〇〇〇株になった株式を平均六八ドルで売却し（F）、八六万二〇〇〇ドルの利益を得た。パリで下した極めて重大な決断、つまり「値上がりしつつある株を売る理由がない」という決断が成果を上げたのである。

テキサス・インスツルメンツ

ユニバーサル・コントロールズ株を売却したあと、ダーバスは五〇万ドル以上の資金の投入先を求めて「市場を注意深く眺めて……売買が活発な値嵩株を物色した」。これだけの大金を投資するので、自分の買いが相場に影響を与える可能性も覚悟した。

一九五八年末に少し不規則な動きを見せたほかは、テキサス・インスツルメンツ株は一年以上にわたって着実な上昇傾向をたどり、一〇月に出来高が著しく増加した（A）のに合わせて株価上昇の速度も速まった。

四月第二週（B）、ダーバスは平均九四 3/8 ドルで二〇〇〇株を買った。翌週、「株価が引き続き好調だったので」追加の一五〇〇株を九七 7/8 ドルで取得した（C）。数日後、平均価格一〇一 7/8 ドルで最後の二〇〇〇株を買った（D）。

テキサス・インスツルメンツが一四九 1/2 ドルで引けた七月六日（E）、第10章の終わりに述べられているように、ダーバスはモンテカルロに向けて旅立った。この時点で彼の持ち株の時価は二二五万ドルを超えており、出発前にこの日の終値に合わせて新しいストップロスをそこからやや下の価格に置き換えている。

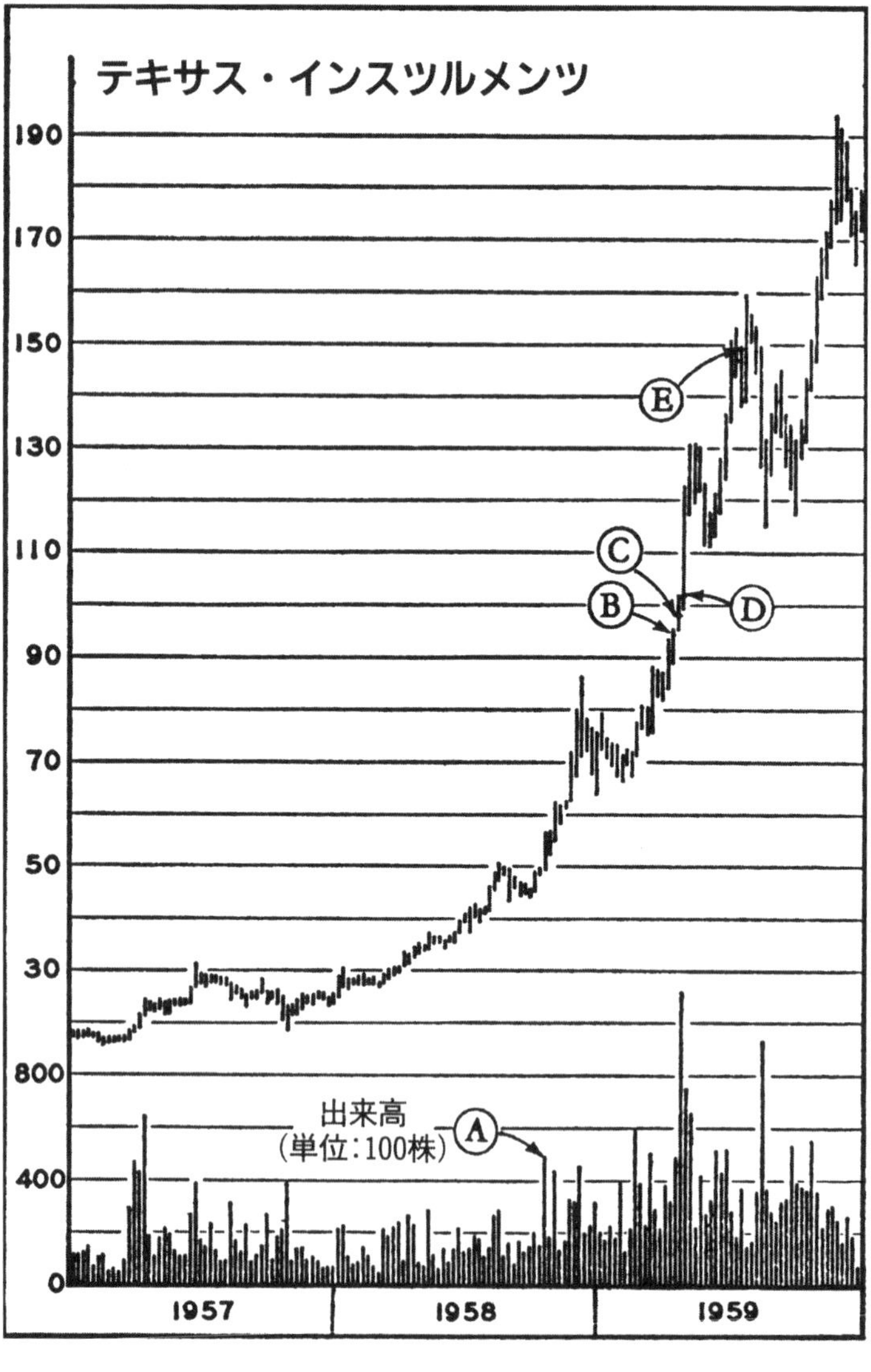

テキサス・インスツルメンツ
190
170
150
130
110
90
70
50
30
800
400
0
出来高
（単位：100株）
A
B
C
D
E
1957
1958
1959

フェアチャイルド・カメラ

チオコール株売却ののち、ダーバスの投資資金は一〇〇万ドルを超えた。この資金を二手に分けることにして、彼はその選択の範囲を四銘柄にまで絞った。これは長い間彼が注目してきた銘柄で、彼の「テクノ・ファンダメンタリスト理論に関するかぎり、すべてが合格だった」。

四銘柄のうち、市場においてどれが相対的に上昇圧力が強いのかを調べるための試し玉で、生き残ったうちのひとつがフェアチャイルド・カメラだった。

フェアチャイルドは二度ほど出来高が著しく増加した時期があったほかは、一九五七年は年間を通して、また一九五八年はその大半の間、値動きが非常に安定していた。しかし一九五八年末に出来高が急増し（A）、価格もほとんど途切れることのない素早い上昇でこの動きに追随した。ダーバスが興味を持ったのはこの時点だった。

この株式が【一一〇／一四〇】のボックスを形成したとき、彼は一二八ドルで五〇〇株の試し玉を行っている（B）。最初に置いた一〇％という任意のストップロスは、ボックスの下限から考えると狭すぎたのでやめた。そのおかげで二週間後に一一〇¼ドルという安

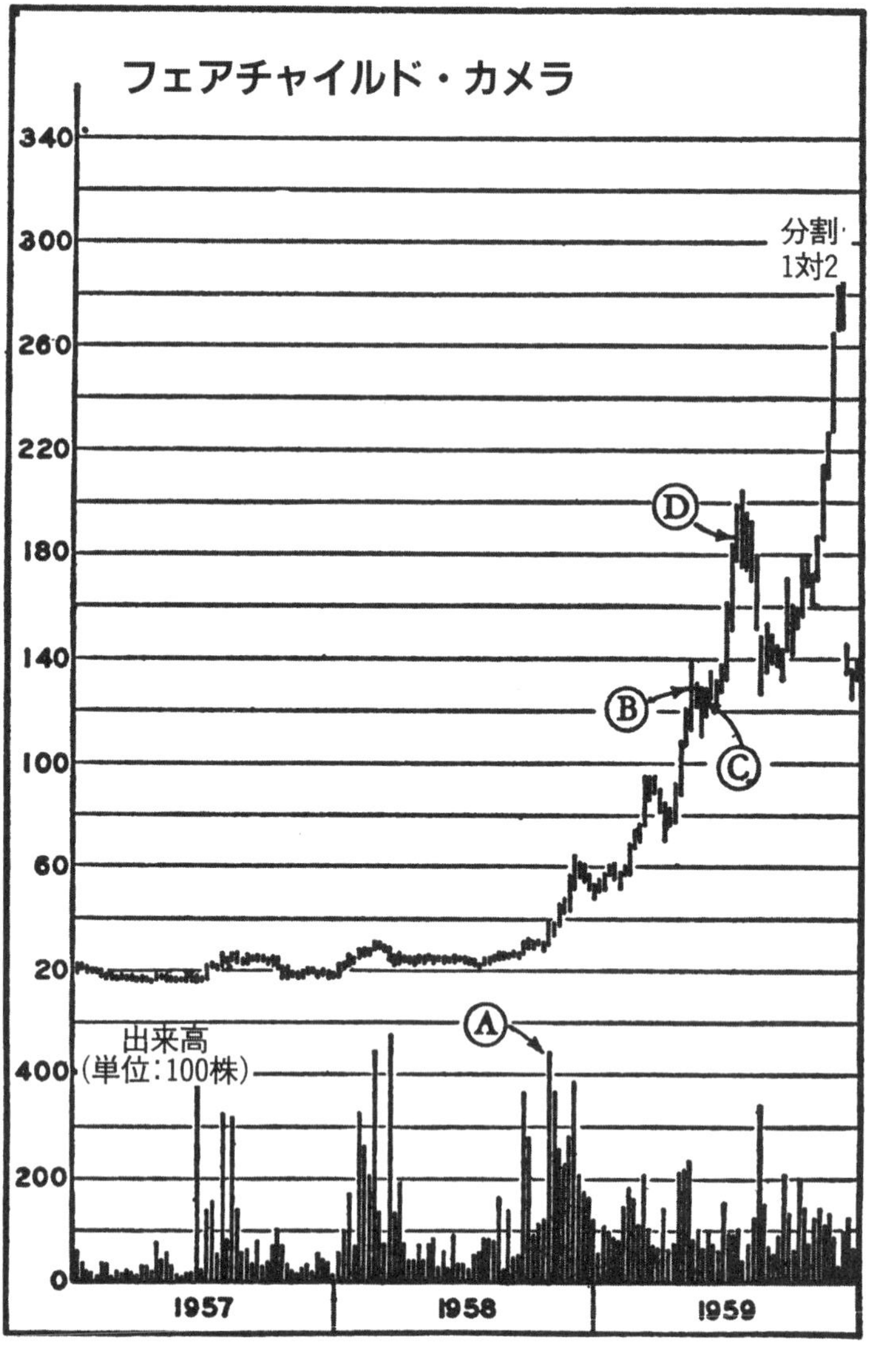

フェアチャイルド・カメラ
340
300
260
220
180
140
100
60
20
400
200
0
分割
1対2
D
B
C
A
出来高
(単位:100株)
1957
1958
1959

値を付けたときにも影響を受けなかった。それどころか、その直後にこの株式は上昇モメンタムを取り戻したので、彼は（C）の時点で四〇〇〇株を買った。その価格は一二三¼ドルから一二七ドルであった。

ゼニスラジオとテキサス・インスツルメンツとともに、フェアチャイルド・カメラを四五〇〇株取得したので、彼は今や「傍観者として自分の株が高性能のロケットのように着実に上昇していくのを見守る」立場になった。本書が終わる時点でのフェアチャイルドの終値は一八五ドルであった（D）。

ゼニスラジオ

これはダーバスが、チオコールで稼いだ資金を振り向けた二番目の銘柄であり、彼が投資する以前の段階では、この株式はフェアチャイルド・カメラと比べると非常に異なったパターンで動いていた。

一九五八年九月末、その売買高がピークに達した直後、価格変動の激しいゼニス株は爆発的な高騰を見せた。

その後、一対三の株式分割が発表された。その直後にダーバスは「株式分割後」ベースの一〇四ドルで試し玉を行った（A）。興味のあった四銘柄から最も弱い株式を振り落とすために設けた一〇％という任意の数字によるストップロスは、フェアチャイルド株と同様に外した。もしそのままにしておいたら、翌週ゼニス株が九三ドルまで下落したときにはストップアウトに見舞われていたことだろう。しかし、株価は直ちに上昇を開始したので、計画どおり五〇〇〇株を九九 3/4 ドルから一〇七 1/2 ドルの価格で取得した（B）。

その後、ゼニスの株価は順調に推移した。その動きは分割前の壮観さとは比べるべくもなかったが、平均購入価格の一〇四ドルと彼の物語が終わる七月六日の終値一二四ドル（C）の「わずかな」開きが、ダーバスにとっては一〇万ドル以上の利益を意味していたことは注目に値する。

このチャートを作成していたとき、わが社の編集者がダーバスに、ゼニスを買ったタイミングは遅すぎて、その時点では価格の上昇は尻すぼみ状態だったではないかと指摘した。彼はこの指摘に同意して言った。「あとになって見れば、上昇のタイミングを逃したように見えるかもしれない。だが、その当時のわたしには新たな上昇局面の始まりのように見えたんです。結局のところ、自分の判断が半分当たればよいと思っているよ」

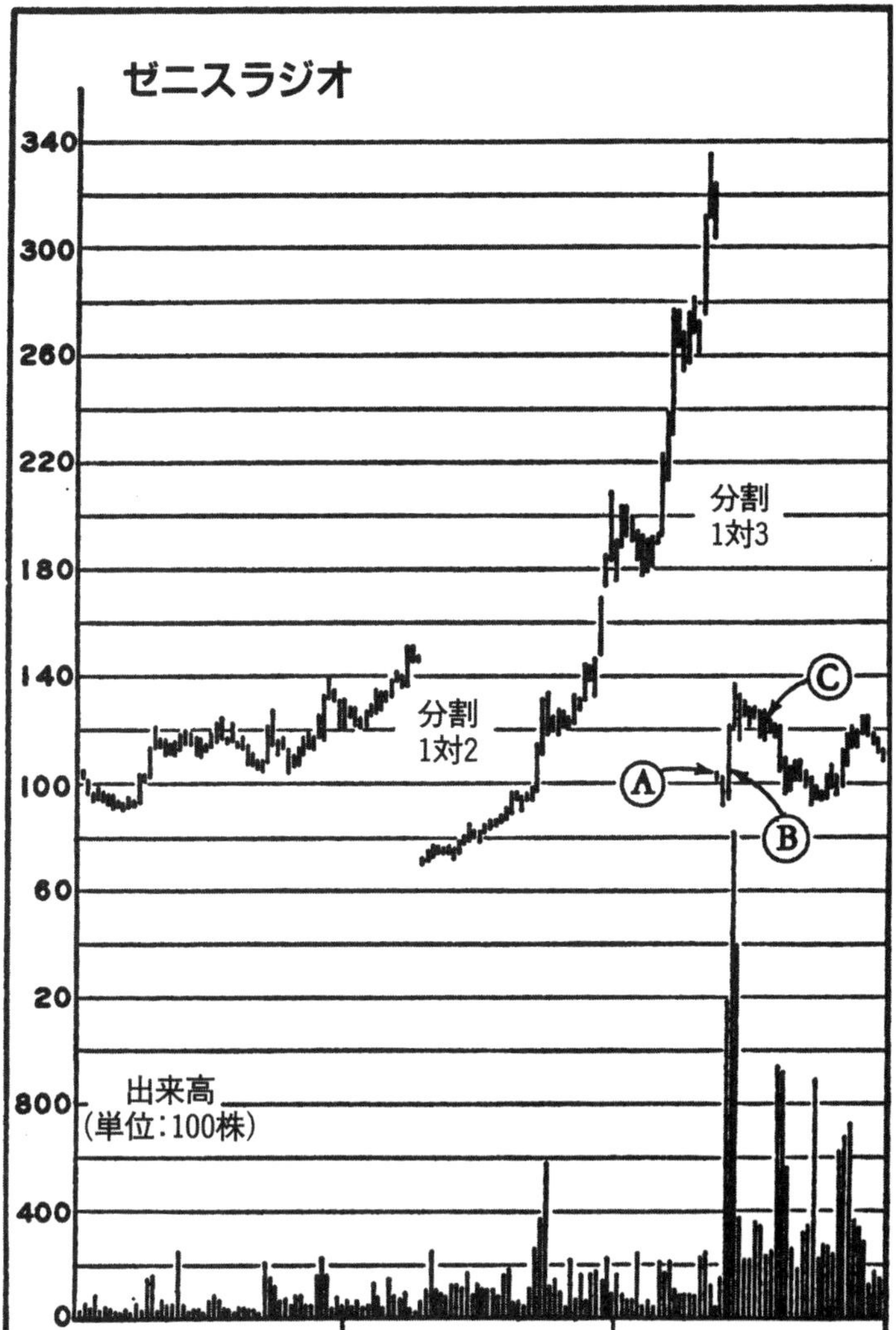
ゼニスラジオ
340
300
260
220
180
140
100
60
20
分割
1対3
分割
1対2
Ⓐ
Ⓑ
Ⓒ
出来高
(単位:100株)
800
400
0
1957
1958
1959

質疑応答
Questions and Answers

Q　わたしは夫と死に別れて二人の幼児を抱えています。投機のために使える金額はわずか二〇〇〇ドルほどで、株式市場に興味はあるのですがこの金額では少なすぎると思っています。

ときどき連絡をとらせていただいて、「人気株」についてのご意見を聞かせてもらえるとありがたいのですが……。

A　あなたのような立場の方に言えることは、「人気株」などというものはないと考えたほうがよいということです。その理由は次のとおりです。

ある銘柄が突然ひどくもてはやされるようになるのには、いろいろな背景があります。したがって、あなたの質問は「ある株式の『人気』はいつまで続くのですか」と言い換えるべきです。これについては、だれも答えることはできません。

これは、株に関する耳寄り情報を人に言うのは不適切だとわたしが考える主な理由のひとつです。例えば、助言をする人がテクニカルな分析をベースにしているとします。この人はあることに気づけばすぐに自分の持ち株を処分できますが、他人に電話でこの耳寄り情報を教えるとなると、おそらく時間がかかったり、時間がなかったりするでしょう。そんなわけで、耳寄り情報を求めたり、受け入れたりしてはならないのです。

Q　わたしはハーバード大学の新入生です。奨学金はもらっていないので、これがわたしの抱える障害の大きな原因になっています。わたし自身の貯金や両親の貯金、それに今年アルバイトで稼ぐお金を合わせれば、何とかこの学年はかつかつでやっていけそうです。しかし、来年はもし大学が奨学金を認めてくれなければ、学費の安いマサチューセッツ大学へ転学しなければならないでしょう。これは、わたしにとっては非常に不本意な結果です。それはハーバード大学から離れたくないからで、転学を避けるためにできるかぎりのことは何でもしたいと思っています。

四年間の学費を稼ぐために実際にやってみたいのは株式市場への投資です。これはかなり危なっかしい話だということは分かっているのですが、それでもやってみたいのです。一年前に株式市場に興味を持つようになり、親戚の家を訪れたある夜、あなたの著書を読みました。これまでに読んだ株式に関するどの本よりも、はるかに興味深く読みました。というのは、ほかの本は「グロース」(成長)株やブルーチップ(優良株)にばかり焦点を当て、投機はタブーだと断言していたからです。わたしに関心があるのは「一年に六%の堅実な収入」以上に儲けることで、あなたの方法はその点で非常に賢いやり方だと思います。

目下、わたしの唯一の問題は投資の資金がないことです。一五~二〇銘柄のリストを作って、その動きを子細に見守っていますが、株価が急騰するのを見ても、自分には一セントも儲けられないのだと考えると、断腸の思いです。そこで、次の提案をさせていただきたいのです。

あなたにもし今使ってないお金の貯えがありましたら(一〇〇〇ドルでも、五〇〇〇ドルでも、一万ドルでも、お好きな額で結構です)、いくらか「借用」させてもらえませんか。「借用」という言葉を強調したのは、率直に言わせてもらえば、もしわたしが損をしてそのお金を失えば、お返しできないという意味です。しかし、あらゆる手段を尽くして損をしないようにするつもりでいますし、最初に借用した金額を完済するまで利益

の一定割合（例えば一〇％）をお支払いする所存です。

A ハーバードを退学して、学費の安いマサチューセッツ大学に入学するのは大変な痛手だろうと思います。それにしても、もう少しましな提案をしてください。

Q 数年前、あなたの著書を興味深く読みました。わたしは投機家として自分の資本をかなりうまく運用してきましたが、いつもファンダメンタルな手法をとってきました。先日あなたの著書を読み返して、あなたが今もテクノ・ファンダメンタリスト理論を用いておられるのかどうか疑問に思いました。ついては、次の質問にお答えください。

①あなたは今もやはりテクノ・ファンダメンタルなシステムを使用していますか？

②毎週チャートを発行する業者がありますが、役に立つとお考えですか？

A ①については、今もわたしはテクノ・ファンダメンタリスト的手法を用いていますが、場合によっては、ファンダメンタルな方法が役に立つことがあるのを経験しています。しかし、ある企業の実力について内部情報を十分持っていても、わたしはその株式の市場での動向には常に監視の目を注いでいます。

ほとんどすべての事例について、あるひとつの基本原則が通用します。その原則とは、収益力の成長が続いていれば、やがてそれは株価の上昇となって表れるということです。けれども、時には市場が現在の一時的な流行に目を奪われて、その他のことを見逃すことがあります。

②については、週間チャートのサービスを利用してはいませんが、わたしはいわゆるメンタル・チャーチストで、頭の中ではチャートを描いています。週間チャートは実用的な目的に「役立つ」と言ってよいと思います。

Q　あなたは、上昇トレンドを調べるためにマンフィールド社の改訂版隔週チャートを利用したことがありますか？　あなたのボックスの上限と下限を定めるのにトレンドラインが役に立ちますか？　あるいは、あなたはトレンドラインを株価が史上最高値になったときにだけ、使うのでしょうか？

また、買い付けのタイミングとして史上最高値を狙う場合、「文字どおり」の「史上最高値」になるまで待つのですか、それとも、段階的に出来高が増えるような場合にはそんなに「厳密ではなく」もっと短期間、例えば五年来高値とかで買うこともありますか？

月間の株式雑誌が役に立つと思いますか？

A　マンフィールド社の隔週チャートを利用したことはありません。またついでながら、相場のトレンドラインが必ずしも個別株式のボックスと直接の関係にあるとは思いません。わたしは厳密な意味で「史上最高値」になるまで待ちます。

株式ガイドには、時価総額、平均出来高、配当、史上最高値と最安値なども記載されており、ある銘柄の全体像をつかむのに非常に有益だと思います。

Q　あなたは、買いの注文を出すのは、終値ではなく日中の高値がボックスの上限（左の例では四一ドル）を実際にわずかでも突破し、それが連続で三日間続いた場合だとおっしゃっています。

わたしは、ボックスの範囲が確定できればすぐにでも、アーランズ百貨店の株を買おうと思っています。以下に六月一五日以降の同社の株価を記します。

一五日　四一 ½ ― 四二 ⅜
一六日　四三 ― 四三 ⅞

一七日　四四 1/8 − 四五
一八日　四四 1/2 − 四四 3/8
一九日　四四 1/4 − 四五
二二日　四四 3/4 − 四六 1/2
二三日　四六 − 四八 1/2

六月一九日までに、このボックスの上限は四五ドルだと判断していました。それはこの高値が三日間破られていなかったからです。ボックスの下限は四三 1/2 ドルと定めました。

六月一九日になって、ボックスの上限から判断して、買いは四五 1/8 ドル、ストップロス（損切り）は四四 7/8 ドルだと考えたのですが、あなたの著書で読んだ事柄から判断すると、買いの注文を出すには株価がボックスの天井を三日間連続して破らなければならないように思われます。

この手紙を書いている時点でアーランズの株価はボックスの天井を二日連続で突破しましたが、現在の価格四八 1/8 ドルから考えると、買おうと思った四五 1/8 ドルへと押しそうにはありません。

わたしはこの判断の良否についてあなたのご意見を仰ぐつもりはありませんし、チャート上の動きという純粋にメカニカルな評価以外にもいろいろな株式選択の方法があることは心得ています。しかし、わたしが十分な情報に基づいてこの株式のボックスを四三～四五ドルとしたこと、また上限が三日間連続で破られないかぎり、買いに踏み切らないと決めたのは正しい判断だということに同意していただけるでしょうか？　わたしが混乱している理由は、本のなかであなたはボックスの上限から最も近い⅛ポイント上の価格で注文を出すと言っていますが、そのタイミングには触れていないからなのです。

A　あなたの解釈は誤りです。注文は株価がボックスの上限を突破した（いかにわずかであろうとも）ときに、〝間髪を入れず〟行うべきものです。三日間連続ルールは、すべての状況で適用するわけではありません。このルールを適用するのは、ボックスの上限と下限を定めるときです。アーランズ百貨店についてのあなたの判断は間違っています。

このルールについてもう少しはっきり説明しましょう。ある株価が以前のボックスから飛び出して上昇を始めたとしましょう。新しいボックスの上限はこの上昇過程で到達する最高値で、この高値に三日間連続で達したり、突破されたりするというものではありません。

あなたが手紙で挙げられた例と数字から言えば、この株式はまだボックスの上限に達していません。

同じように重要なことですが、新しいボックスの下限は、上限がはっきりと定まるまでは、決められないのです。下限の決め方は上限を決めるときのちょうど逆になります。あなたが示された例では、買い付けのタイミングが正しくないうえに、株式の動きについてわたしが解釈する立場から見れば極めて危険です。あなたの買い付けのポイントはトレーディングレンジ（株価の横ばい状態）の中間辺りのところのようです。

Q あなたのボックス理論はどの点をとってもわたしに完全にぴったりのシステムです。この理論が有効なことを試してみたうえで、あとでこの理論の分析を行ったところ、一〇〇％以上といってよいほど道理にかなっていることが分かりました。
最近になって、この理論をさらに有利に使えることを思いつきました。あなたがこれに言及していないので、こういう使い方をしたことがないのではと判断せざるを得ません。もしあなたがこれを使っていたら、利益は二倍に膨らんでいたと思います。

以下がそのやり方です。

ある株式についてストップロスを定めたときは、株価がボックスの下限から下げれば自動的に株式を手放すことになります。……手放すことになる株数と同数の株式の空売りを、同じ価格のところに逆指値注文を置いておくというのは、あなたのシステムを補完する賢明な方法だと思いませんか？　保険として同じようにストップロスを置いておけばよいのです。そうすればその株式が上昇しても、下落しても儲けることができるでしょう。万一、深刻な弱気相場が始まったときには、利益が二倍になる可能性がありま す。

どんなご意見がいただけるか楽しみにしています。返事をいただいた時点で、現在のマーケットにおいて高値と安値を見つける――実際は「予想する」――方法を使ってトレードしたいと考えています。この方法はその価格になるのがいつかは予想できませんが、あなたの理論と組み合わせて使えば、「これはすごい！」ということになるでしょう。この方法でわたしは二年も先の高値と安値を予想してきたのですが、その結果が一五セント以上外れたことはめったにありません。

A　あなたの取り組み方は、ひたすらお金を儲けることに関心がある人というよりも、ギャンブラーに近いようです。わたしの経験からすると、売買の回数を減らすこと、およびギャンブルのやり方について技巧をこらした改良法を考案したり、短期的な利益を考えたりしないことのほうが、お金を儲けるチャンスが多いようです。

わたしは、個別の持ち株がボックス内にとどまっているか、あるいは上昇している場合を除いて、弱気相場には近寄らないことを学びました。

あなたの「予想法」の成功に対して祝意を表します。しかしわたしは、分析は信用しますが、予想は信用していません。

Q　短距離に強い走者ではなく、本物のチャンピオンになる銘柄名と、それを売却する時期についてヒントを教えていただければ、非常にありがたいのですが……。どんな提案でも、助言でも頂戴できれば、衷心より感謝いたします。

A　「本物のチャンピオン」を教える人がいるとすれば、それは推測でものを言っているのです。どんな銘柄でも、その名にふさわしい動きをしているかぎりは「本物のチャンピオン」なのです。

Q　わたしはあなたのボックス理論を理解していると信ずる者です。事実、過去二カ月半にわたって、年間の最高値を付けた株式を追ってきましたが、その際にあなたのシステムの真価を認識しました。しかし、あなたが採用するストップロスの間隔が非常に狭いことに大いに疑問を感じています。実際にこれで若干損をしたことがありました。

チャートや本で研究したところによると、あなたのシステムの条件に合う株式のほとんどについて、現状では高値と安値の開きは、あなたが考えているストップロスの間隔よりも相当広くなっています。そこで、あなたが関心を持つのは、以前の高値を突破して、新高値に達するまで足踏みすることがない株式だけだと考えるようになったのですが、これは正しいでしょうか？

もし正しいとすれば、間違いのない銘柄に出くわすまで、多少の損（手数料と½ポイント程度の損切りによる損）は甘受しなければならないでしょう。ブローカーが言うには、今は以前にも増して横ばいマーケットだそうです。このようなマーケットは、あなたのシステムがそれほど効力を発揮しないような種類の環境なのでしょうか？

A　お手紙の三番目のパラグラフで書いておられるように、すでにあなたは自分の質問に回答しています。わたしが興味を持つのは、過去の高値を「突破」する株式だけというのは「事実」です。わたしの理論はすべて大幅でかつ急速な価格上昇に基づいているので当然のことですが、上場株式の九〇％以上はこの条件に合いません。

横ばいマーケットについてですが、こういうマーケットのときでも最大級の価格上昇が起きることがあります。さらにこうしたマーケットのほうが値上がりする株を見つけやすいのです。

Q　どうしたらマーケット全体を監視できるのかという問題に本当に悩んでいます。あなたは毎日の電報と報告書をすべて保存しておいたのですか？　ある銘柄に投資しようと最終的に決める前に、何かチャートのようなものでも作っていたのですか？　あなたの作ったチャートのサンプルを送ってもらえませんか？

A　マーケットを監視するのは難しくはありません。毎日の株価表を読むのです。わたしは頭の中でチャートを描いており、個人的にはどちらかというと客観的なデータや、テクニカルなデータよりは、感覚で判断することが多いです。

Q　次の質問にお答えください。わたしはスティーブンズ社のチャートに掲載されている史上最高値を利用しています。以前に行われた株式分割は考慮に入れる、つまりその年に株式数が二倍になったという点は考慮に入れるべきではないでしょうか？　というのは、ある株式の価格が過去に二倍にならなかったとしても、それは株式分割前からの株主にとって価値が倍にならなかったという意味ではないからです。株主は黙っていても二倍とか三倍の株数を手にします。したがって、彼らからすれば実際に二倍あるいはそれ以上の価値になり、株主の大半がその恩恵に浴するのです。

A　どんなチャートでも株式分割は考慮しています。分割を織り込んだ価格を見ればその株式の履歴が反映されていて、何が起きたのか理解できます。

株を買ったり、保有したり、売ったりするときに、その株式が過去に何回分割されたかは、実際には重要ではありません。

Q　まず、あなたは何をもって満足すべき安定的な出来高とみなすのか、その最小の基準を教えてください。買うためには、いつもその株価が三日連続で高値を突破するまで待つ必要があるのですか？　もしそうだとすれば、買いのストップオーダー（逆指値）を最大限有効に利用するにはどうすればよいのでしょうか？　また、ストップロスは買値のどの程度下に置けばよいのですか？

A　何が満足すべき安定的な出来高なのかについては明確な基準はありません。それはもっぱらその株式の過去の履歴によるのです。

①例えば、ある銘柄が長い間、一日に四〇〇〇～五〇〇〇株売買されているとして、もしそれが二万～二万五〇〇〇株に急増した場合、この株式の出来高は満足すべき安定したものだと言えますし、動きが変わったことの明らかな証拠でもあります。

②買うために、三日連続の高値の突破を待つ必要はありません。わたしは高値を突破した時点ですぐ買いました。

③わたしのストップロスの位置は、突破されたボックスの上限価格から$\frac{1}{8}$ポイント下です。このストップロスの位置は、その株式を買った「直後」にブローカーに出します。

Q　わたしは、あなたのようにちょっとした短期投資に関心があり、その対象はSCM、スペリー・ランド、ゼネラル・インスツルメンツ、ヘクラや、そのほか現在非常に好調なエレクトロニクス関連の数社です。しかし、わたしはまったくの素人なので、乏しい知

識でギャンブルをしてよいものかどうかよく分かりません。

A　あなたの場合、ご自身のアドバイスに従うのがよいでしょう。素人で、あなたの言う短期投資の技術を身に付けた人にはめったにお目にかかったことがありません。

Q　あなたの著書で理解しかねるところがあります。それはボックスがピラミッドのように積み重なるという部分です。試してみたのですが、おっしゃる意味がよく分かりません。説明していただくか、もっと良いのは図示していただけないでしょうか。「一枚の絵は千言に勝る」という昔のことわざがありますが、図で示してもらうのが一番良いと思います。

A　ボックスがピラミッドのように積み重なるというのは、もちろん、物の例えとして使った表現です。これは、上昇過程にある株式について連続的な取引価格の変動幅（これをわたしはボックスと呼んでいます）を指しているのです。図に描けば次のようになります。

Q あなたの著書のなかで理解しにくいところが二カ所あるので、説明をお願いします。

①ストップロスオーダー（損切り）についてですが、株価がボックスの上限を突破し

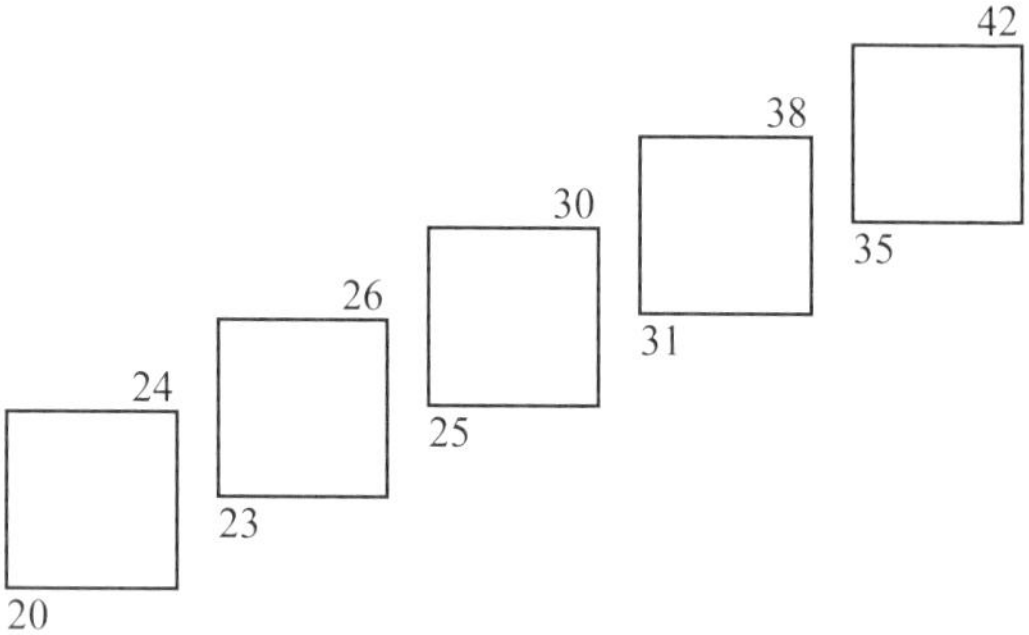

て新しいボックスに向かおうとしているときに、あなたはストップロスオーダーの位置を次々と引き上げるのですか、それとも最初に買ったときに置いた水準のままにしておくのですか？

②株式相手のギャンブルを始めるに必要な金額は五〇〇〇ドルだとおっしゃるのを聞いて、現在のところ損をしてもよい金額は一〇〇〇ドルほどなので、がっかりしました。これは五〇〇〇ドルの用意ができるまでは、端株の買い付け（端株用の追加手数料を含む）のような投資をしてはいけないという意味なのでしょうか？

A　①ストップロスオーダーに関する正しい方法は次のとおりです。株価が新たに上のボックスに突入したときには、ストップロスオーダーは以前のままの水準にしておいて、株価が新しいボックスの上限および下限を作るのを待ちます。新しいボックスの下限がはっきりと定まれば、以前のストップロスオーダーを新しいボックスの下限の1/8ポイント下まで引き上げます。

②もし自由になるお金が一〇〇〇ドルであったとしたら、わたしは投資をしません。

Q　質問が二つありますので、お忙しいでしょうがお答え願います。

①ボックスが三六½－四一ドルのところにあったとすると、その上にできる次のボックスの底は四一ドルになりますか？

②ボックス理論を商品先物取引に適用する場合の助言をお願いします。一一月からの大豆のチャートを同封しておきましたので、時間のあるときにボックスを書き入れていただけませんか？　ボックスの記入は一二月二七日ごろ以降で結構です。

A　①まず、新しいボックスができるだろうと確信したことはありません。しかし、株価が現在のボックスから外へ飛び出したときは、新しいボックスが出来上がるのを待って、それから初めて新しいボックスの底はどこかを探すのです。この底はだれも予想できません。

②商品先物の取引をしたことはありません。

Q　あなたなら、USスチール株を保有し続けますか、それとも今、損切りしますか？　わたしの年では、絶対に「必要」でないかぎり、損をする余裕も、鉄鋼業が回復するまで長期間待つ余裕もありません。わたしのブローカーは、おそらくブローカーとしてはこれ以上ないくらい正直な人ですが、彼にUSスチールはどこまで上がるか尋ねると、七五ドル近辺に行くだろうと予想しています。これは大騒ぎするような価格ではありませんが、わたしにとっては結構な利益です。金融界の専門家の多くは弱気の立場のようですが、わたしは相場の上昇は持続的で、大筋では将来は強気に転じるものと見ております。

A　以前からUSスチールを買おうと思ったことは一度もありません。わたしが信頼するのはグロース（成長）株ですが、USスチールはグロース株ではないし、鉄鋼業も成長産業ではありません。

Q　あなたの理論に非常に興味がありますが、ひとつ質問があります。あなたは、買うには株価が三回にわたってわずかでも次のボックスへと突破する必要があると述べています。あなたが買いの「ストップオーダー」を置くのは、三回目で買えるように、二回目の突破のあとだと推測しました。この推測は正しいでしょうか？　もしそうでなければ、さらに説明してください。

A　わたしは高値を突破する前に買いのストップオーダーを出します。ストップオーダーの位置は高値の1/8ポイント上になります。

注文は自動的に執行され、実際に執行されるとストップロスオーダーを前の高値の1/8ポイント下に置きます。

三回にわたるブレイクを待つ必要はありません。

Q　あなたの本には、その年の高値が少なくとも安値の二倍以上の株式を選ぶ、そのほかの株式は「くず」として無視してよい、と書いています。けれども、同じ本の別のページには、その年の安値が三六ドルであったにもかかわらず、高値が五一 1/4 ドルのコントロール・データ株を選んだとあります。また、あなたは六二 1/2 ドルで同社株を買いましたが、これも三六ドルの二倍よりずっと安い価格です。ご説明お願いします。
値上がりしている株の価格は、利食いによって下の「ボックス」に下落することがたびたびあります。こういう場合には、あなたはいったん売って、先ほどの下の「ボックス」の天井を再び突破したときに買いますか？　もしそうでなければ、単なる利食いによる下落と上昇トレンドの終わりをどのように区別するのですか？

A　新聞が掲載している年間の高値と年間の安値は三月三一日までのもので、それぞれ前年度および今年度分を載せています。あなたが見たのは四月一日以後の株価表かもしれません。

着実に上昇中の株価は、利食いしても通常は新しいボックスの下半分ぐらいまでしか下落しないので、それ以前の下のボックスにまで戻ってしまうことはありません。

しかし、あなたが書いたようなことが起きれば、わたしは損切りして、新高値でまた買います。

Q ボックスの形成というアイデアは良い発想だと思いますが、わたしはまだ試してみたことはありません。

上側にしろ、下側にしろ、ストップオーダーを置くというのは、別に目新しいことではありませんが、わたしが気になるのはストップロスオーダーの地点が現在のマーケット価格に近すぎないかということです。

½ポイントや一ポイントの位置に置くストップロスオーダーは、その投資の保険としては「無意味」だと思います。それはせっかく建てたポジションが一〇件のうち九件まで、それに引っかかることになるだろうからです。

A 無作為に調べてみれば、買値の近くに置いたストップロスオーダーは危険であり、無意味であると考えるのは当然でしょう。しかし、わたしが本に書いた事例では、その際に説明したとおり、同一のボックス内にストップロスオーダーを置いたことは〝一度も〟ありません。その置き方には、いつも次の二つの方法があります。

①株価が力強くボックスの天井を上へブレイクした直後には、ストップロスオーダーはブレイクポイントのすぐ下に置きます。

②その株がボックスの底を下方へブレイクする場合に備えて、ボックスの下限のすぐ下に置きます。

Q　あなたの理論に従ってもみ殻をより分けるようにして優良株を選んでみましたが、思わぬ障害にぶつかりました。あなたの本のなかにはある特定の銘柄の株価が上下する様子と、その価格の上限と下限を定める方法が記されています。しかし、あなたは事例のなかで丸めた数字を使っていますが、株価が整数になることはめったにありません。同じ整数の範囲内で分数部分だけがわずかに動く場合もありますが、分数単位で上下するなかで、分数つきの最安値を使うべきか否か判断がつきかねています。いつも非常に混乱する問題です。この数字の決定の仕方に非常に関心がありますので、ぜひ説明をお願いします。

また、アメリカン証券取引所上場銘柄の選別の方法を知りたいと思います。というのは、デトロイトで読んでいる新聞にはニューヨーク証券取引所の相場だけで、アメリカン証券取引所の年間の高値や年間の安値が報じられていないからです。

A ボックス理論を説明する目的で丸めた数字を使いました。分かりやすいように使ったものです。もちろん、株価が整数のままで動くわけがありません。

新聞によっては、アメリカン証券取引所の高値と安値を報じていないものもあります。しかし、ウォール・ストリート・ジャーナルとニューヨーク・タイムズにはいつも掲載されています。

Q あなたの投資術を研究しましたが、ヨハネスブルグ証券取引所での投資には適用できずにおります。それは、主に重要な統計が手に入らないという理由からで、特に各銘柄の出来高という重要な数字さえありません。

A わたしの経験では、わたしの理論に必要なルールが適用できるのはニューヨーク証券取引所とアメリカン証券取引所だけのようです。ロンドン証券取引所でさえ無理のようです。

次のような要件がそろわないと、わたしの理論を適用できる可能性はありません。

①史上最高値

②過去二～三年の高値と安値

③少なくとも過去四～六カ月の週間価格変動幅と週間出来高

Q　どうすればビッグボード（ニューヨーク証券取引所）とアメックス（アメリカン証券取引所）の株価表を一五分間で調べることができるのですか。アメックスだけをとってみても、バロンズに載っている表は五ページもあります。

A　ビッグボードとアメックス双方の株価表を一五分で読了するために、わたしは次の方法を使います。検討するのは以下の数字だけです。

①ダウ・ジョーンズ工業株三〇種平均（または、ニューヨーク証券取引所総合指数およびスタンダード・アンド・プアーズ総合五〇〇種株価指数）に代表されるマーケットの全般的なトレンド。

②関心のある三～四業種についてそれぞれ六～八銘柄の株価。これはマーケット全体

のトレンドに対してこれらの業種の動向がどんな関係にあるのかを見るためです。
③保有株または関心のある銘柄の価格変化。
④新しい有望投資先を探すために、株式欄全体に目を通して異常な価格変化と異常な出来高に目を配る。

十分に経験を積んでいないとこれらのポイントを見つけにくいでしょうが、同じ株価表を毎日見慣れるうちに異常な変化がはっきりと見えるようになるものです。

Q　①ニューヨーク証券取引所の立会場に行ってみたところ、ストップロスオーダーを買値の¼ポイント下に置けば、一般投資家ではないにしても、フロアトレーダー（自己の勘定で売買する取引所会員）やスペシャリスト（特定の銘柄を扱う取引所会員）にほとんどいつも拾われてしまう結果になるような印象を受けました（新しい規則ではこの状況の改善が望めるかもしれません）。
②ボックスの天井についてお尋ねします。株価が高値を付けたあとにその高値を連続三回にわたって試す動きがなければ確実な天井とは言えないのでしょうか、または

高値のあとに二回のブレイクの試みがあればそれで十分でしょうか？　別の表現をすれば、高値を付けた日は、一回目のブレイクと考えてよいのでしょうか？

③ボックスの底を定めるのに、安値を付けたあとにその安値を三回試すことが必要ですか、それとも三回というのはその日の安値も一回と「数える」のですか？

④ボックスの底は、左記のように天井と同時にできることがありますか、それとも著書に「翌日以降になって」と書かれたように、天井がしっかり定まったあとでなければ、底も決められないものですか？

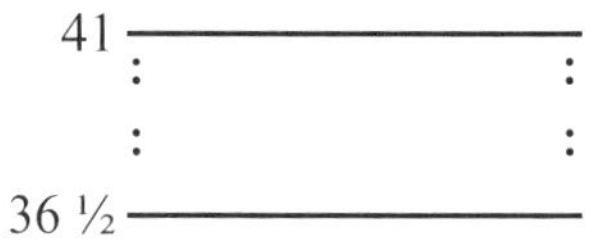

⑤新しいボックスの底は、必ず古いボックスの天井でなければならないでしょうか？同封したゼネラル・ケーブル社のチャートを見ていただければ分かるように、新しいボックスの底は七三ドルという古い天井のはるか上にあるようです。

⑥次のうちあなたが勧めるのはどの方法ですか？（a）買ったときのボックスの天井がブレイクされれば、直ちにストップロスオーダーの位置を引き上げる。（b）次のボックスの天井と底がはっきりするのを待つ。（c）「もう一段上の」ボックスがはっきり出来上がるまで待つ。

⑦過去最高値がボックスの天井から少し上にある場合、「史上最高値」の⅛ポイント上で買いのストップオーダーを出し、ストップロスオーダーは「ボックスの天井」の⅛ポイント下に置きますか？

⑧まだ四月だという時期、株価が二倍になったかどうかを見るのに前年の高値と安値を使いますか、それとも今年の数字を使うのですか？

A

①買値の¼ポイント下にストップロスオーダーを置けば、「当然」すぐに引っかかってしまいます。わたしはストップオーダー（買い・売りどちらの場合でも）をボックス内に置いたことはありません。

②と③ボックスの天井が確定するのは、その株が以前の新高値を三日連続で付けたり、ブレイクしたりしない場合です。これはそのままボックスの底についても当てはまります（ただし、逆の形になります）。

④同時にというのは不可能です。しかし、非常にまれなケースですが、同じ日に、または同じ時間内にでも、できることはあります。

⑤新しいボックスの底は、必ずしも古いボックスの天井であるとは限りません。それは株価だけが作ることができるものであって、予想に基づいて作るものではありません。

⑥わたしはいつも次の新しいボックスがしっかりと定まるまで待ちました。それが出来上がればすぐに新たなボックスの底から⅛ポイント下のところにストップロスオーダーを置きました。

⑦ボックスの天井よりも上に史上最高値があれば、その史上最高値の⅛ポイント上に買いのストップオーダーを、同じくその⅛ポイント下にストップロスオーダーを置きました。

⑧まだ四月であれば、わたしはいつも二年間での高値を見ます。

Q　本の内容をよくかみくだいて消化してみた結果、あなたは株価チャートを作ったという結論に至りました。まったく間違っているのかもしれませんが、これがわたしの受けた印象です。もしチャートを作っていたなら、どんな種類のチャート、つまり時系列チャートか、ポイント・アンド・フィギュア・チャートだったのか教えてください。

A　わたしはいわゆるメンタル・チャーチストで、頭の中でチャートを描きます。
一定の時期に関心のある銘柄はごく少数だったので、その価格動向や出来高は頭の中にしっかり焼きついていました。わたしが株価チャートを見るのはまれでしたが、使っている人にとっては非常に価値があるものだと考えます。

Q　合併の交渉、新しい油田の発見なども、価格上昇の原因と考えられます。あなたは短期的な価格上昇の要因として、合併見通し、株式分割、株式の公開買い付けなどをよく考慮されましたか？

A　株価上昇の要因としてあなたが挙げた例は主として短期的要因で、わたしのテクノ・ファンダメンタリスト手法の条件には合致しません。わたしの手法はある業界とその業界グループのなかでも、特に最強の銘柄の長期的な成長性を基礎にしています。

もし短期的な利益を考えるなら、それはトレーダーの仕事であって、彼らのマーケットへの取り組み方は異なります。わたしの説いている分野ではありません。

へ

ほ

ま

め

も

ゆ

ら

り

る

れ

ろ

わ

す

せ

た

ち

て

と

な

に

の

は

ひ

ふ

株式索引

■著者紹介

ニコラス・ダーバス（Nicolas Darvas）

ショービジネスの世界で最もギャラの高いペアダンサー。幾多の苦労の末、マーケットの上昇や下落に関係なく適用するボックス理論を構築し、株式市場で200万ドルの利益を上げて資産家になった伝説の人物。

■監修者紹介

長尾慎太郎（ながお・しんたろう）

東京大学工学部原子力工学科卒。北陸先端科学技術大学院大学・修士（知識科学）。日米の銀行、投資顧問会社、ヘッジファンドなどを経て、現在は大手運用会社勤務。訳書に『魔術師リンダ・ラリーの短期売買入門』『新マーケットの魔術師』など（いずれもパンローリング、共訳）、監修に『高勝率トレード学のススメ』『ラリー・ウィリアムズの短期売買法【第２版】』『コナーズの短期売買戦略』『続マーケットの魔術師』『続高勝率トレード学のススメ』『ウォール街のモメンタムウォーカー』『グレアム・バフェット流投資のスクリーニングモデル』『勘違いエリートが真のバリュー投資家になるまでの物語』『Ｒとトレード』『完全なる投資家の頭の中』『３％シグナル投資法』『投資哲学を作り上げる　保守的な投資家ほどよく眠る』『システマティックトレード』『株式投資で普通でない利益を得る』『成長株投資の神』『ブラックスワン回避法』『市場ベースの経営』『金融版 悪魔の辞典』など、多数。

■訳者紹介

飯田恒夫（いいだ・つねお）

1961年大阪大学法学部卒業後、丸紅飯田に入社。主に鉄鋼貿易業務に従事し、この間アメリカ、トルコなど14年間の海外駐在を経験。1996年丸紅を退職、同年現地鉄鋼商社のアドバイザーとしてタイ国に渡る。2000年タイより帰国、以後、翻訳活動に入る。訳書にフィリップ・コトラーとゲイリー・アームストロング共著『マーケット原理』（共訳）、『ボリンジャーバンド入門』『ゲイリー・スミスの短期売買入門』（パンローリング刊）がある。

■翻訳協力　株式会社トランネット（http://www.trannet.co.jp/）

2017年２月３日　初版第１刷発行
2019年８月１日　　　第２刷発行
2021年７月１日　　　第３刷発行
2024年１月１日　　　第４刷発行

ウィザードブックシリーズ㉔⑤

新装版 私は株で200万ドル儲けた
――ブレイクアウト売買法の元祖「ボックス理論」の生い立ち

著　者　　ニコラス・ダーバス
監修者　　長尾慎太郎
訳　者　　飯田恒夫
発行者　　後藤康徳
発行所　　パンローリング株式会社
〒160-0023　東京都新宿区西新宿 7-9-18-6F
TEL 03-5386-7391　FAX 03-5386-7393
http://www.panrolling.com/
E-mail　info@panrolling.com
編　集　　エフ・ジー・アイ（Factory of Gnomic Three Monkeys Investment）合資会社
装　丁　　パンローリング装丁室
組　版　　パンローリング制作室
印刷・製本　株式会社シナノ

ISBN978-4-7759-7214-4